WISSEN FÜR DIE PRAXIS

Weiterführend empfehlen wir:

Das gesamte Behinderten- und Rehabilitationsrecht
ISBN 978-3-8029-4951-7

Grundlagen des Rehabiliationsrechts
ISBN 978-3-8029-7564-6

Finanzielle Hilfen für Menschen mit Behinderungen
ISBN 978-3-8029-4090-3

SGB IX: Teilhabe und Rehabilitation von Menschen mit Behinderungen
ISBN 978-3-8029-7293-5

Weitere Titel unter: www.WALHALLA.de

Wir freuen uns über Ihr Interesse an diesem Buch. Gerne stellen wir Ihnen zusätzliche Informationen zu diesem Programmsegment zur Verfügung.
Bitte sprechen Sie uns an:
E-Mail: WALHALLA@WALHALLA.de
http://www.WALHALLA.de
Walhalla Fachverlag · Haus an der Eisernen Brücke · 93042 Regensburg
Telefon 0941 5684-0 · Telefax 0941 5684-111

WALHALLA

Manuela Trendel

Praxisratgeber Persönliches Budget

Mehr Selbstbestimmung für Menschen mit Behinderung

4., aktualisierte Auflage

WALHALLA Rechtshilfen

Bibliografische Information der Deutschen Nationalbibliothek
Die Deutsche Nationalbibliothek verzeichnet diese Publikation in der Deutschen Nationalbibliografie; detaillierte bibliografische Daten sind im Internet über http://dnb.de abrufbar.

Zitiervorschlag:
Manuela Trendel, Praxisratgeber Persönliches Budget
Walhalla Fachverlag, Regensburg 2020

Hinweis: Unsere Werke sind stets bemüht, Sie nach bestem Wissen zu informieren. Alle Angaben in diesem Buch sind sorgfältig zusammengetragen und geprüft. Durch Neuerungen in der Gesetzgebung, Rechtsprechung sowie durch den Zeitablauf ergeben sich zwangsläufig Änderungen. Bitte haben Sie deshalb Verständnis dafür, dass wir für die Vollständigkeit und Richtigkeit des Inhalts keine Haftung übernehmen.
September 2020

Produktion: Walhalla Fachverlag, 93042 Regensburg
Printed in Germany
ISBN 978-3-8029-4117-7

Inhaltsverzeichnis

Vorwort zur 1. Auflage

Nach verschiedenen erfolgreichen Modellerprobungen in den Jahren 2001 bis 2007 wurde das Persönliche Budget am 1. Januar 2008 zum Rechtsanspruch. Seitdem hat das Persönliche Budget nach dem Willen des Gesetzgebers Vorrang – sofern der behinderte oder von Behinderung bedrohte Mensch dies wünscht.

Für die Leistungsträger stellt sich somit nicht die Frage, ob ein Persönliches Budget zu bewilligen ist. Vielmehr muss sich der Leistungsträger mit der Frage auseinandersetzen, wie das Persönliche Budget ausgestaltet werden kann. Mitarbeiter bei Behörden müssen seit Einführung des Rechtsanspruchs umdenken – anstelle von „Entscheidungen nach Aktenlage" sollen persönliche Budgetkonferenzen gehalten und im Gespräch mit dem Leistungsberechtigten individuelle Teilhabeziele und daraus resultierend passende Leistungsangebote gefunden werden.

Persönliche Budgets werden in Deutschland derzeit auf sehr unterschiedliche Weise umgesetzt. Die gesetzlichen Grundlagen geben zwar Rahmenbedingungen vor; diese werden aber je nach zuständigem Leistungsträger, Bundesland und regionalen Gegebenheiten jeweils spezifisch gestaltet. Vieles ist nach wie vor offen. „Eingefahrene" Verwaltungswege bei Bedarfsfeststellung, Bemessung eines Budgets, Inhalt einer Zielvereinbarung, Überprüfung der Qualität usw. gibt es auch nach siebenjähriger Einführung nicht.

Aufgrund der großen Vielfalt der praktischen Umsetzung kann dieser Ratgeber keine rechtsverbindlichen Aussagen machen. Er stellt aber mit vielen Praxisbeispielen und Mustern gangbare Wege für eine Leistungsbewilligung vor.

Meine Erfahrungen, die ich in den letzten Jahren im Rahmen der Leitung des Bundesmodellprojektes „Trägerübergreifendes Persönliches Budget" beim Träger der Sozialhilfe in Mittelfranken sowie im Austausch mit Seminarteilnehmern machen durfte, sind hier eingeflossen. Ich hoffe, dass diese für Mitarbeiter bei Leistungsträgern, für Leistungserbringer, gesetzliche Betreuer, Sozialdienste und Ärzte und vor allem auch für Menschen mit Behinderung und deren Angehörige eine Hilfe sind.

Mein besonderer Dank gilt Frau Dr. Heidrun Metzler von der Universität Tübingen für ihre wertvolle beratende Unterstützung und ihre Beiträge über Erkenntnisse der wissenschaftlichen Begleitforschung zur Umsetzung von trägerübergreifenden Persönlichen Budgets, die in diesen Ratgeber eingeflossen sind.

Manuela Trendel

Vorwort zur 4., aktualisierten Auflage

Obwohl der Rechtsanspruch seit 2008 besteht, gibt es immer noch Regionen in Deutschland, die keine oder nur sehr wenig Erfahrungen mit Persönlichen Budgets haben.

Bemerkenswert ist ebenfalls, auf welch unterschiedliche Weise Persönliche Budgets in Deutschland ausgestaltet werden können. Obwohl deutschlandweit die gleiche Rechtsgrundlage besteht, sind die Persönlichen Budgets sehr vielfältiger Art. „Das“ Persönliche Budget gibt es nicht. Es ist naturgemäß immer individuell und insbesondere abhängig davon,

- welche konkreten Wünsche die Menschen mit Behinderung an ihr Budget haben,
- ob und in welcher Anzahl „Budget“-Anbieter am Lebensort vorhanden sind,
- welche Leistungsträger zuständig sind und auch
- in welcher Region die Leistung beantragt wird.

Nach wie vor sind Persönliche Budgets im Rahmen der Eingliederungshilfe am weitesten verbreitet. Noch immer werden trägerübergreifende Budgets erst in Ansätzen umgesetzt.

Durch das Bundesteilhabegesetz (BTHG) wurden die Grundlagen für ein leistungsfähiges Rehabilitations- und Teilhaberecht modernisiert, um die Lebenssituation von Menschen mit Behinderung durch mehr Selbstbestimmung und mehr Teilhabe zu verbessern.

Einige der bisherigen Besonderheiten von Persönlichen Budgets wurden mit der BTHG-Reform auch in die sogenannte „Sachleistung“ übertragen. Insbesondere das gemeinsame Gespräch, das „Aushandeln“ der notwendigen und gewünschten Leistungen hat Eingang in das Bedarfsfeststellungsverfahren der Rehabiliationsträger gefunden. Ein Teilhabeplanverfahren, an dem der Betroffene aktiv zu beteiligen ist, ist nun für alle Rehabilitationsträger verpflichtend, das Wunsch- und Wahlrecht als Ausdruck der Selbstbestimmung des Betroffenen ist noch stärker zu berücksichtigen. Auch der bürgerfreundliche Grundgedanke von trägerübergreifenden Leistungen (also auch Budgets) wurde durch das Bundesteilhabegesetz für den Leistungsbezug in der Sachleistung übernommen. Ein verantwortlicher Träger, der sogenannte „leistende Rehabilitationsträger" ist nun für die Ermittlung des Bedarfes, die Durchführung der Teilhabeplanung und Begleitung der Maßnahmen zuständig und damit Hauptansprechpartner für den Antragsteller.

Die Übernahme vergleichbarer Abläufe, die sich über das Persönliche Budget entwickelt haben, nimmt dieser Leistungsform zunehmend das Exotische, so dass mehr Leistungen als selbstverwaltete Geldleistungen gestaltet werden. Dies wäre ein großer Schritt zu noch mehr Selbstbestimmung der Menschen mit Behinderungen.

Doch auch die Hilfen müssen – in der Sachleistung wie im Persönlichen Budget – weiterentwickelt werden, um tatsächlich für die konkrete Lebenssituation von Menschen mit Behinderung die jeweils passende individuelle Unterstützung anbieten zu können. Hier sind neue kreative Ideen gefordert, um im Rahmen der gesetzlichen Möglichkeiten wirkungsvolle Hilfen umsetzen zu können.

Manuela Trendel, im September 2020

Abkürzungen

Abs.	Absatz
Az.	Aktenzeichen
BA	Bundesagentur für Arbeit
BAGüS	Bundesarbeitsgemeinschaft der überörtlichen Sozialhilfeträger
BAR	Bundesarbeitsgemeinschaft für Rehabilitation
BFD	Bundesfreiwilligendienst
BGB	Bürgerliches Gesetzbuch
BGBl.	Bundesgesetzblatt
BMAS	Bundesministerium für Arbeit und Soziales
BTHG	Bundesteilhabegesetz
bzw.	beziehungsweise
DEGEMED	Deutsche Gesellschaft für Medizinische Rehabilitation
EGH-VO	Eingliederungshilfe-Verordnung
EUTB	Ergänzende unabhängige Teilhabeberatung
ff.	folgende
FH	Fachhochschule
GG	Grundgesetz
ggf.	gegebenenfalls
i. d. R.	in der Regel
ICF	International Classification of Functioning, Disability and Health (Internationale Klassifikation der Funktionsfähigkeit, Behinderung und Gesundheit der Weltgesundheitsorganisation)
ISL	Interessensgemeinschaft Selbstbestimmtes Leben
i. V. m.	in Verbindung mit
PB	Persönliches Budget
SGB	Sozialgesetzbuch
SGB II	Sozialgesetzbuch – Zweites Buch (Grundsicherung für Arbeitsuchende)

SGB III	Sozialgesetzbuch – Drittes Buch (Arbeitsförderung)
SGB IV	Sozialgesetzbuch – Viertes Buch (Gemeinsame Vorschriften für die Sozialversicherung)
SGB V	Sozialgesetzbuch – Fünftes Buch (Gesetzliche Krankenversicherung)
SGB VI	Sozialgesetzbuch – Sechstes Buch (Gesetzliche Rentenversicherung)
SGB VII	Sozialgesetzbuch – Siebtes Buch (Gesetzliche Unfallversicherung)
SGB IX	Sozialgesetzbuch – Neuntes Buch (Rehabilitation und Teilhabe von Menschen mit Behinderungen)
SGB XI	Sozialgesetzbuch – Elftes Buch (Soziale Pflegeversicherung)
SGB XII	Sozialgesetzbuch – Zwölftes Buch (Sozialhilfe)
u. a.	unter anderem
UN-BRK	UN-Behindertenrechtskonvention
WfbM	Werkstatt für behinderte Menschen
WHO	Weltgesundheitsorganisation
z. B.	zum Beispiel

2.

Idee und rechtliche Grundlagen

Ziele des Persönlichen Budgets

2

Die Einführung des Persönlichen Budgets als verbindliche Form der Leistungserbringung ist Ausdruck sozialpolitischer Reformbemühungen in Deutschland und eines grundlegenden Richtungswechsels weg vom Fürsorgegedanken hin zur Inklusion und Teilhabe behinderter Menschen.

Leistungsberechtigte sollen nicht länger als Objekt wohlfahrtsstaatlich mit standardisierten Leistungen versorgt werden, vielmehr wird ein neuer Kurs verfolgt:

- Förderung der Subjektstellung des Einzelnen
- Unterstützung einer selbstbestimmten Lebensführung
- Unterstützung der Eigenverantwortlichkeit für die Bewältigung von Lebenslagen
- Minderung bzw. Beseitigung von Ausgrenzungsrisiken
- Verwirklichung der umfassenden Teilhabe von Menschen mit Behinderung am Leben der Gesellschaft

(vgl. Begleitung und Auswertung der Erprobung trägerübergreifender Persönlicher Budgets. Abschlussbericht der wissenschaftlichen Begleitforschung, 2007, S. 25)

Den gleichen Weg schlagen der Nationale Aktionsplan der Bundesregierung zur Umsetzung der UN-Behindertenkonvention sowie das Bundesteilhabegesetz ein, das stufenweise von 2017 bis 2023 in Kraft tritt.

Persönliches Budget als Ausdruck eines Paradigmenwechsels

Persönliche Budgets werden häufig auch als zeitgemäßer Ausdruck des Paradigmenwechsels in der Behindertenhilfe gewertet. Die früher weit verbreitete Auffassung, Fachkräfte wissen, was für den Menschen mit Behinderung gut ist, und bringen ihm das bei, was sie als Experten für wichtig halten, wandelt sich. Zunehmend entwickelt sich bei immer mehr Angehörigen sozialer Berufe und Rehabilitationsträgern die Haltung, dass der Mensch mit Behinderung „Experte in eigener Sache“ ist und selbst entscheiden kann, wie seine Teilhabe am Leben gestaltet werden soll. Die Möglichkeit der eigenen Entscheidung ist dabei immer auch abhängig von Art und Schwere der Behinderung. Grundsätzlich gilt aber, soweit wie möglich die individuellen Perspektiven und Wünsche des Menschen mit Behinderung in die Beratung mit einzubeziehen. Die Umsetzung des Inklusionsgedankens tut ihr Übriges.

Die Anerkennung der Expertenrolle eines Menschen mit Behinderung stellt eine erhebliche Herausforderung an professionelles Handeln von Fach- und Hilfskräften sozialer und pflegerischer Berufe dar. Der Dialog ist die zentrale Grundlage für die Hilfegestaltung. Persönliche Budgets sollen die Anforderungen an eine zeitgemäße Gestaltung von Teilhabeleistungen durch personenzentrierte und bedarfsorientierte Hilfen unterstützen.

Mit dem Persönlichen Budget wird behinderten und von Behinderung bedrohten Menschen der Rechtsanspruch gegeben, ihren Bedarf an Teilhabeleistungen in eigener Verantwortung so zu decken, dass ein möglichst selbstständiges und selbstbestimmtes Leben ermöglicht wird. Damit sollen ihre Entscheidungs- und Gestaltungsspielräume im Alltagsleben sowie ihre sozialen Teilhabechancen erhöht werden.

Das Persönliche Budget wird grundsätzlich als Geldbetrag geleistet, den Menschen mit Behinderung je nach ihrem individuellen Hilfebedarf erhalten, um damit erforderliche Unterstützung zur Teilnahme am Leben der Gesellschaft in eigener Verantwortung „einzukaufen“ bzw. zu organisieren.

In begründeten Einzelfällen kann die Ausführung der Leistung auch in Form eines Gutscheines erfolgen. Ein begründeter Fall kann insbesondere dann vorliegen, wenn die Ausgabe eines Gutscheines zur Sicherung der Qualität der Leistung geboten ist. Dies sollte jedoch die Ausnahme darstellen, da eine Gutscheinregelung in der Praxis eine zusätzliche Hürde in der Leistungsgestaltung darstellt und auch für die Behörde selbst einen zusätzlichen Verwaltungsaufwand bedeutet sowie die Flexibilität bei der Wahl der Leistungsanbieter einschränkt.

Wichtig: Die Leistung der Pflegeversicherung ist durch gesetzliche Regelungen explizit auf die Erbringung durch Gutscheine beschränkt (siehe dazu § 35a SGB XI).

Bei einem Persönlichen Budget geht es nicht vorrangig darum, eine bereits bestehende Sachleistung in Geld umzuwandeln. Es geht vielmehr darum, Persönliche Budgets zu nutzen, um **Ziele** von Teilhabeleistungen selbstbestimmt und eigenverantwortlich zu erreichen. Hierbei können auch neue Wege der Hilfeleistung eingeschlagen werden. Jahrzehntelang wurden Hilfen in ambulante (z. B. betreutes Wohnen), teilstationäre (z. B. Tagesstätten) und stationäre (z. B. Wohnheime) Hilfen eingeteilt. Trotz dieser vorhandenen Wahlmöglichkeiten gab es Hilfebedarfe von Menschen mit Behinderung, die in der üblichen Sachleistung oft kein entsprechendes Angebot fanden (z. B. Leben in der eigenen Wohnung mit der Möglichkeit Gruppenangebote des nahegelegenen Wohnheimes zu nutzen). Durch die Reform des Bundesteilhilfegesetzes sollen auch in der Sachleistung individuellere Hilfen möglich sein (z. B. Leben in der eigenen Wohnung sowie die Nutzung von Nachtbereitschaft und von Freizeitangeboten einer Einrichtung für besondere Wohnformen [bisher: Wohnheim], die in der Nähe ist). Sind damit nun Persönliche Budgets überflüssig geworden? Haben wir durch das neue Eingliederungshilferecht nicht schon so individuelle und flexible Hilfsmöglichkeiten erhalten, die Persönliche Budgets überflüssig machen? Mit den neuen Möglichkeiten der Sachleistung, insbesondere der Trennung von Eingliederungshilfe und existenzsichernden Leistungen handelt sich um einen großen Schritt in die richtige Richtung. Es darf davon ausgegangen werden, dass viel mehr individuelle Kombinationen von einzelnen Leistungsbausteinen möglich sein werden. Dennoch bieten Persönliche Budgets noch mehr Flexibilität und stärken die Position des Budgetnehmers, da der Budgetnehmer direkt als Auftraggeber Leistungen zur Teilhabe einkauft.

Als Persönliches Budget werden auch Leistungen ermöglicht, die grundsätzlich als Teilhabeleistungen gelten, für die es aber zur Zeit keine oder noch keine Vereinbarung in der Sachleistung gibt.

Die Restriktion, nur solche Leistungen zu berücksichtigen, für deren Erbringung die entsprechenden insbesondere vertraglichen Voraussetzungen zwischen Leistungserbringer und Eingliederungshilfeträger bestehen, entfällt bei der Bedarfsfeststellung für das Persönliche Budget. Hier können auch andere Leistungsformen erfasst werden, die zwar nach Zweck und Gegenstand von einer Leistungsnorm erfasst sind, für die jedoch möglicherweise keine leistungserbringungsrechtliche Grundlage besteht (vgl. Welti, 2007).

Diese Grundhaltung wird auch in der Orientierungshilfe zum Persönlichen Budget vom November 2016 der Bundesarbeitsgemeinschaft der überörtlichen Sozialhilfeträger (BAGüS) – dem freiwilligen Zusammenschluss aller überörtlichen Träger der Sozialhilfe sowie Träger der Eingliederungshilfe in Deutschland – festgehalten: Das Persönliche Budget wird überwiegend als andere Form der Finanzierung einer bereits auf dem Wege der Sachleistung vorhandenen Unterstützungsleistung genutzt. Vom Gesetzgeber grundsätzlich als möglich vorgesehene passgenaue und individuelle Leistungen auch außerhalb von Angeboten der Eingliederungshilfe werden kaum eingesetzt (vgl. Seite 2 der Orientierungshilfe). Mit einem Persönlichen Budget können individuelle Bedarfe auch außerhalb etablierter Formen der Bedarfsdeckung gedeckt werden; diese Möglichkeit kann aktiv und innovativ genutzt werden, um die Nutzung des Persönlichen Budgets zu befördern und Weiterentwicklungen der bestehenden Angebote anzuregen (vgl. Seite 12 der Orientierungshilfe). Solche Ansätze bei der Leistungsgestaltung wie etwa tiergestützte Interventionen oder technische Hilfsmittel sind in der Praxis in Ansätzen vorhanden und sollten weiter ausgebaut werden, damit Hilfen auf die individuelle Lebenssituation des Menschen mit Behinderung passgenau gestaltet werden können.

Auch in der Sachleistung gibt es bei den Leistungen zur Sozialen Teilhabe, dem größten Teil der Leistungen zur Eingliederungshilfe, keineswegs eine abschließende Aufzählung. So wurde explizit in der Aufzählung von Leistungen formuliert: „Leistungen zur Sozialen Teilhabe sind insbesondere....“ (vgl. § 113 Abs. 2 SGB IX). Das Wort „insbesondere“ deutet darauf hin, dass auch weitere – nicht im Gesetz genannte – Leistungen möglich sind, wenn dies als notwediger Bedarf festgestellt worden ist.

Praxis-Tipp:

Die Orientierungshilfe kann unter www.bagues.de, dort Veröffentlichungen | Empfehlungen eingesehen werden.

Wichtig: Ein Persönliches Budget ist **keine neue zusätzliche** eigenständige Sozialleistung. Durch den Rechtsanspruch auf Persönliche Budgets entsteht vielmehr eine neue Möglichkeit zu wählen, **in welcher Form** – Sachleistung oder Geldleistung durch Persönliches Budget – die Leistung erbracht werden soll. Durch Bezeichnung des Persönlichen Budgets als „Leistungsform" in § 29 Abs. 1 SGB IX macht dies der Gesetzgeber nun auch entsprechend deutlich.

Abgrenzung zur traditionellen Form der Leistungsbewilligung

Traditionelle Form der Leistungsbewilligung (Sachleistungsprinzip)

Ein Mensch mit (drohender) Behinderung stellt einen Antrag beim Träger der Eingliederungshilfe zur Aufnahme in eine besondere Wohnform [bisher: Wohnheim].

> ***Hinweis: „Besondere Wohnform"***
>
> *Der Gesetzgeber hat die Bezeichnung Wohnheim mit Inkrafttreten des Bundesteilhabegesetzes gestrichen. Stattdessen wird der Begriff „besondere Wohnform" verwendet. Es soll damit deutlich gemacht werden, dass Menschen mit Behinderungen innerhalb und außerhalb von besonderen Wohnformen leben können (vgl. § 104 SGB IX). Das Leben in einer eigenen Wohnung ist sozusagen die „normale Wohnform", das Leben in einem Wohnheim die „besondere Wohnform".*

Die Behörde prüft, ob die Anspruchsvoraussetzungen vorliegen, und führt dann die Bedarfsermittlung durch. Sie stellt die geeignete Leistung z. B. die besondere Wohnform zur Verfügung. Es wird ein Bescheid erstellt, in dem sie die Kostenübernahme für die Leistungen der besonderen Wohnform bewilligt.

Zwischen der Behörde und dem Leistungserbringer, also dem Träger der besonderen Wohnform, wurde vorher bereits eine Leistungs- und Entgeltvereinbarung abgeschlossen. Der Bewohner des Wohnheimes erhält seine individuellen Teilhabeleistungen als sogenannte Sachleistung.

Der Leistungsträger überweist die von der besonderen Wohnform monatlich in Rechnung gestellten Kosten direkt an den Leistungserbringer.

Dieses Verfahren wird als Sachleistungsprinzip bezeichnet.

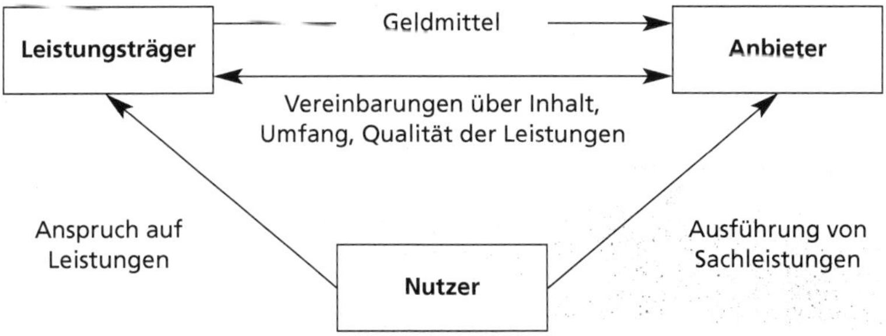

(vgl. Begleitung und Auswertung der Erprobung trägerübergreifender Persönlicher Budgets. Abschlussbericht der wissenschaftlichen Begleitforschung, 2007, S. 27)

Was ist anders an der Leistungsform des Persönlichen Budgets?

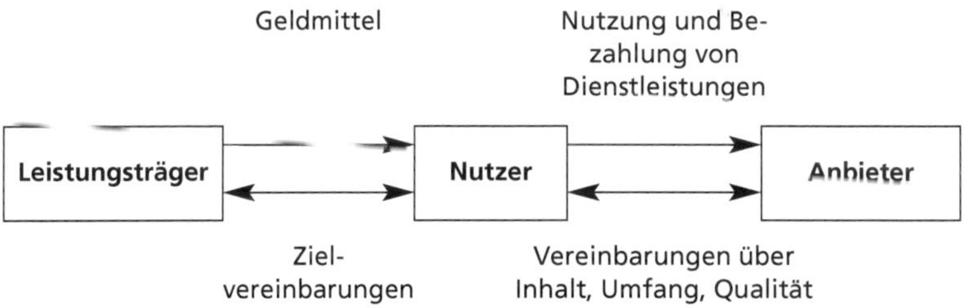

(vgl. Begleitung und Auswertung der Erprobung trägerübergreifender Persönlicher Budgets. Abschlussbericht der wissenschaftlichen Begleitforschung, 2007, S. 28)

Bei einem Antrag auf Leistungen in Form eines Persönlichen Budgets prüft die Behörde als Leistungsträger ebenfalls die rechtlichen Voraussetzungen.

Im Unterschied zur Sachleistung wird vor dem Bescheid eine Zielvereinbarung zwischen dem künftigen Budgetnehmer und der Behörde geschlossen. Bestätigt wird diese mit einem Bescheid.

Von zentraler Bedeutung sind die Teilhabeziele, die der behinderte Mensch mit dem Leistungsträger vereinbart hat und für deren Erreichung er sein Persönliches Budget einsetzen wird. Der Empfänger eines Budgets hat größere Gestaltungsmöglichkeiten bei der Wahl seines Leistungsanbieters. So ist beispielsweise eine Kombination aus Fachkräften der sozialen Arbeit und nachbarschaftlichem Engagement möglich. Das Persönliche Budget kann auch bei verschiedenen Anbietern ausgegeben werden.

Die Behörde überweist dem Menschen mit Behinderung den festgelegten Budgetbetrag direkt auf sein Konto, anstatt wie in der Sachleistung an den Anbieter.

Der Nutzer eines Budgets schließt mit dem Leistungsanbieter einen privatrechtlichen Vertrag und bezahlt ihn direkt für die vereinbarten Leistungen.

Das Persönliche Budget wird von der Behörde monatlich, in der Regel zum Monatsanfang, überwiesen. Der Budgetnehmer kann innerhalb des Bewilligungszeitraumes – in der Praxis häufig ein oder zwei Jahre – sein Budget dann nutzen, wann er selbst es für notwendig hält.

Veränderung des sogenannten „unschlüssigen Tauschverhältnisses“

In der Sozialwirtschaft gibt es häufig keine wirkliche Einheit zwischen den die Finanzierung zur Verfügung stellenden Leistungsträgern, den Nutzern des Angebotes und den Entscheidern.

Diese drei Ebenen klaffen oft auseinander; es gibt keine Einheit zwischen

- Leistungsträger (z. B. die Abteilung wirtschaftliche Jugendhilfe des Jugendamtes),
- Nutzern (z. B. der 15-jährige Marco) und

- Entscheidern (z. B. Jugendamt/Allgemeiner Sozialdienst im Jugendamt).

Der Anbieter (z. B. eine Jugendhilfeeinrichtung) steht mit jedem Einzelnen im Austausch. Jeder hat andere Interessen, die zu Interessenskonflikten führen. Das wird „unschlüssiges Tauschverhältnis" genannt. 2

Durch ein Persönliches Budget gibt es kein unschlüssiges Tauschverhältnis mehr, es wird schlüssig. Der Budgetnehmer entscheidet über seine Leistung, nutzt diese und bezahlt sie.

Freie Wahlmöglichkeit: Traditionelle Hilfe oder Persönliches Budget

Das Persönliche Budget wird nur auf Antrag des Leistungsberechtigten oder seines gesetzlichen Vertreters erbracht.

Dies bedeutet, dass für den leistungsberechtigten behinderten oder von Behinderung bedrohten Menschen eine Wahlmöglichkeit besteht. Er kann sich entscheiden, ob er die Hilfen in der bisher üblichen Weise erhalten möchte (Sachleistung) oder sie in Form eines monatlichen Geldbetrages bzw. Gutscheines als Persönliches Budget erhalten will.

Das Persönliche Budget stellt nun eine Alternative zu den bestehenden Hilfen dar. Nur wer für sich einen Vorteil durch ein Persönliches Budget erhofft, wird seine Hilfen mit dieser neuen Leistungsform gestalten. Die Entscheidung, welche Form der Hilfe gewährt wird, ist immer individuell abhängig von den konkreten Bedürfnissen und Lebensumständen des einzelnen Menschen. Auch Einmalzahlungen sind grundsätzlich als Persönliches Budget gestaltbar (z. B. Auszahlung einer Gesamtsumme bei Beginn einer Maßnahme).

Beispiel zur Wahlmöglichkeit:

Frau Ritter und Frau Bernstein sind beide aufgrund ihrer Körperbehinderung auf den Rollstuhl angewiesen. Beide erhalten vom Träger der Eingliederungshilfe Berechtigungsscheine, die sie bei einem Fahrdienst in der Region, mit dem der Rehabilitationsträger eine Leistungsvereinbarung abgeschlossen hat, einlösen können. Innerhalb von sechs Monaten können sie über die ihnen zur Verfügung gestellten Fahrtkilometer verfügen und wählen, wann sie welche Fahrt in Anspruch nehmen möchten.

2

Frau Ritter ist mit dieser Regelung sehr zufrieden. Ihre Freizeitaktivitäten sind sehr regelmäßig und vorhersehbar. Frau Ritter ist begeisterte Kartenspielerin und besucht zweimal wöchentlich den Freizeitverein „Spieleclub Mitte e. V.". Sie wird immer pünktlich abgeholt und zuverlässig nach Hause gefahren. Wenn sie den Fahrdienst gelegentlich für andere Fahrten nutzen will, gibt sie immer frühzeitig Bescheid, sodass ihre Wünsche berücksichtigt werden können. Frau Ritter kennt alle Fahrer des Fahrdienstes und freut sich schon immer auf ein nettes Gespräch während der Fahrt. Sie sieht für sich durch ein Persönliches Budget keinen Vorteil. Ihre Freundin, Frau Bernstein, verbringt ihre Freizeit gerne spontan. Sie möchte sich auch gerne einmal kurzfristig mit einer Freundin noch am gleichen Abend zum Kinobesuch verabreden können. Nach ihren Erfahrungen ist dies jedoch nur selten möglich, da der Fahrdienst, bei dem sie ihren Berechtigungsschein einlösen kann, eine festgelegte Fahrtroute hat und häufig kurzfristig keine Kapazitäten frei sind. Frau Bernstein erlebt es als eine Einschränkung, wenn sie schon frühzeitig ihre Freizeit planen muss und dann zu festgelegten Zeiten geholt und heimgebracht wird. Wenn sie sich bei einer Geburtstagsfeier wohl fühlt, dann findet sie es bedauerlich, wenn sie sich – wie schon Tage vorher mit dem Fahrdienst vereinbart – um 21 Uhr abholen lassen muss. Bei einer langweiligen Party hingegen heißt es ausharren, bis der Fahrdienst einen erlöst. Der Rollstuhl von Frau Bernstein kann zusammengefaltet und im Kofferraum eines normalen Pkws verstaut werden. Frau Bernstein möchte mit dem Taxi fahren oder ihre Nachbarin für die Mitnahme in ihrem Auto mit einem Benzinanteil entschädigen. Frau Bernstein beantragt daher ein Persönliches Budget.

Kombination von Sachleistungen und Persönlichem Budget

Leistungsberechtigte können auch eine Kombination von Sachleistungen und Geldleistungen in Anspruch nehmen.

Beispiel zur Kombination:

Herr Bauer besucht seit Jahren eine Werkstatt für Menschen mit geistiger Behinderung (WfbM), finanziert über den Träger der Eingliederungshilfe.

Er lebt in einer eigenen Wohnung und nimmt Betreuungsleistungen als Sachleistung in Anspruch. Herr Bauer möchte weiterhin die Leistungen der WfbM in der bisher gewohnten Weise in Anspruch nehmen. Er möchte jedoch seine pädagogischen Hilfen in Zukunft mit einem Persönlichen Budget gestalten. Er beantragt ledglich für die pädagogischen Hilfen für das Leben in seiner Wohnung ein Persönliches Budget und erhält somit eine Kombination von Sach- und Geldleistungen.

Das Persönliche Budget ist keine Einbahnstraße – Kündigungsmöglichkeiten

Niemand ist dauerhaft an die Leistungsform „Persönliches Budget" gebunden. Eine Rückkehr zur Sachleistung ist selbstverständlich möglich.

Es gibt verschiedene Anlässe und Möglichkeiten, das Persönliche Budget zu kündigen:

Am Ende des festgelegten Bewilligungszeitraumes kann ohnehin immer neu entschieden werden, ob die anschließende Leistung wieder als Persönliches Budget oder in Zukunft als Sachleistung bewilligt werden soll.

Auch während des Bewilligungszeitraumes gibt es Möglichkeiten, wieder auf die Sachleistung umzustellen. Zum einen können Regelungen über Kündigungsmöglichkeiten und Kündigungsfristen als Bestandteil in die Zielvereinbarung aufgenommen werden. Zum anderen kann der Budgetnehmer, aber auch der Leistungsträger, die Zielvereinbarung aus wichtigem Grund mit sofortiger Wirkung schriftlich kündigen, wenn ihnen die Fortsetzung nicht zumutbar ist.

Ein wichtiger Grund kann für den Budgetnehmer in der persönlichen Lebenssituation liegen; beispielsweise kann sich sein Unterstützungsbedarf unverhofft verändern, sodass der Bezug einer Sachleistung als passender eingeschätzt wird. Für die Behörde kann ein wichtiger Grund vorliegen, wenn der Leistungsberechtigte die Zielvereinbarung, insbesondere hinsichtlich des Nachweises zur Bedarfsdeckung und der Qualitätssicherung, nicht einhält.

Beispiel:

In der Zielvereinbarung kann festgehalten sein, dass der Teilhabebedarf durch eine bestimmte Anzahl von Fachleistungsstunden sozialpädagogischer Betreuung gedeckt wird. Verstößt der Budgetnehmer gegen diese Regelung und beschäftigt nur Laienhelfer, kann dies ein Kündigungsgrund sein.

Im Falle der Kündigung der Zielvereinbarung wird der Verwaltungsakt (Bewilligungsbescheid) aufgehoben (vgl. § 29 Abs. 4 SGB IX).

Praxis-Tipp:

Bei einer Aufhebung des Verwaltungsaktes wegen Kündigung der Zielvereinbarung besteht meistens der Anspruch auf Teilhabeleistungen fort. Die Kündigung richtet sich gegen die Leistungsform „Persönliches Budget“, nicht aber gegen die Leistung an sich. Daher sollte rechtzeitig zwischen Leistungsberechtigtem und Leistungsträger geklärt werden, welche Sachleistungen anstelle des Persönlichen Budgets infrage kommen.

Insgesamt sollte das Instrument der Kündigung zurückhaltend angewendet werden. Vor einer Kündigung sollte zunächst geprüft werden, ob Hindernisse aus dem Weg geräumt werden können und eine Fortsetzung des Budgets gegebenenfalls ermöglicht werden kann.

Erfahrungen im Bundesmodellprojekt

Von Dr. Heidrun Metzler, Universität Tübingen

Persönliche Budgets können in anderen europäischen Staaten bereits auf eine längere Tradition zurückblicken: In den Niederlanden, Schweden und in Großbritannien z. B. zählt diese Leistungsform inzwischen zu einem wichtigen Baustein der Unterstützung von Menschen mit Behinderung. In Deutschland wurde das Persönliche Budget als erstes im Bundesland Rheinland-Pfalz unter dem Titel „Hilfe nach Maß" flächendeckend eingeführt. Darüber hinaus fanden seit 2001 in verschiedenen Bundesländern und Regionen Modellerprobungen statt, zwischen 2004 und 2007 in acht Bundesländern („Bundesmodellprojekt Trägerübergreifendes Persönliches Budget"). Während in Rheinland-Pfalz bis Abschluss des Bundesmodellprojekts ca. 2.500 Menschen mit Behinderung ein Persönliches Budget nutzten, war die Inanspruchnahme in allen anderen (Modell-)Regionen vergleichsweise gering. Im Rahmen des Bundesmodellprojektes konnten bis zum Ende der Projektlaufzeit (Juni 2007) 494 Menschen mit Behinderung ermutigt werden, sich an der Erprobung zu beteiligen.

Menschen aller Altersgruppen und mit unterschiedlichen Behinderungen nutzten das Persönliche Budget. Es hat sich gezeigt, dass es – wie die gesetzlichen Regelungen es auch vorsehen – sinnvoll war, keine Zugangshürden zu errichten (z. B. durch Anforderungen an die Verwaltungskompetenz der Leistungsberechtigten). Allerdings ist bei einem solch offenen Zugang zu berücksichtigen, dass Menschen mit Behinderung auf Beratung und Unterstützung angewiesen sein können, um das Budget zu beantragen und in der Folge umzusetzen. Dieser Bedarf ist gegebenenfalls bei der Bedarfsfeststellung mit einzubeziehen.

Menschen mit psychischen Erkrankungen (sog. seelische Behinderung) zählten insgesamt zu den Hauptnutzern Persönlicher Budgets, gefolgt von Menschen mit geistiger Behinderung und Menschen mit Körperbehinderungen. Bei Menschen mit psychischen Erkrankungen ließ sich vielfach beobachten, dass mit dem Budget individuell passende und vor allem sehr flexible Unterstützungsleistungen möglich wurden, die optimal den oft schwankenden Hilfebedarf decken konnten.

2

Aber auch bei Menschen mit anderen Behinderungen zählte die positive Wirkung Persönlicher Budgets zu den bedeutsamsten Ergebnissen. Nationale wie auch internationale Studien belegten einerseits eine ausgesprochen hohe Zufriedenheit der Budgetnutzer; so ließ sich im Rahmen aller nationalen Projekte beobachten, dass kaum ein Budgetnehmer zur Sachleistung zurückgekehrt ist. Andererseits berichteten Budgetnehmer, dass

- sie ein Mehr an sozialer Teilhabe erreichten,
- sich ihre Lebenssituation stabilisierte,
- sie passgenaue Unterstützung erhielten,
- sie sich unabhängiger fühlten und selbstbewusster auftreten konnten.

Diese subjektiven Einschätzungen wurden vor allem in internationalen Studien ergänzt um die Beobachtung auch objektiver Verbesserungen der Lebenssituation.

Umsetzung und Akzeptanz des Persönlichen Budgets

Diese Feststellungen aus dem Modellprojekt gelten auch zwölf Jahre nach verbindlicher Einführung des Persönlichen Budgets.

Bei nahezu allen Rehabilitationsträgern steigt die Anzahl der bewilligten Persönlichen Budgets langsam, aber stetig an. Die Statistiken der Bundesarbeitsgemeinschaft für Rehabilitation (BAR) weisen folgende Zahlen zum Persönlichen Budget (Ausgaben in Mio. Euro) aus:

Rehabilitationsträger	2013	2014	2015	2016	2017
Krankenversicherung	12	15	20	26	14
Rentenversicherung	0,5	0,5	0,8	0,6	0,2
Bundesagentur für Arbeit	8	9,9	11	12	12
Integrationsämter	0,5	0,3	0,5	0,2	0,4

Nicht aufgeführt in dieser Statistik sind die Sozialhilfeträger, da diese nicht an die BAR, sondern an die BAGüS berichteten. Der Orientierungshilfe 2016 der BAGüS ist aber zu entnehmen, dass nach einer im Jahr 2013 vom Bundesministerium für Arbeit und Soziales veröffentlichten Studie rund 81 Prozent der Persönlichen Budgets auf die Träger der Sozialhilfe entfallen sind (vgl. Orientierungshilfe, S. 1). Der mit Abstand größte Anteil der Budgets wurde damit im Bereich der Sozialhilfe gewährt.

Ab dem Jahr 2018 wurde dann von den Statistiken auf den Teilhabeverfahrensbericht umgestellt. Mit dem Bundesteilhabegesetz wurden die Rehabilitationsträger verpflichtet, zu Verfahrensabläufen im Bereich der Rehabilitation und Teilhabe über alle Trägerbereiche des gegliederten Systems der sozialen Sicherung in Deutschland jährlich einen Bericht vorzulegen (§ 41 SGB IX). Entlang gesetzlich vorgeschriebener Sachverhalte erfassen die gesetzlichen Krankenkassen, die Bundesagentur für Arbeit, die Träger der gesetzlichen Unfallversicherung und der gesetzlichen Rentenversicherung, die Träger im Rahmen des Rechts der sozialen Entschädigung, die Träger der öffentlichen Jugendhilfe sowie der Eingliederungshilfe verschiedene Merkmale zu Verfahrensabläufen und melden diese Daten jährlich an die BAR. Diese wertet die Angaben unter Beteiligung der Rehabilitationsträger aus. Der seit 31.12.2019 vorliegende erste Teilhabeverfahrensbericht beinhaltet die Daten der Rehabilitationsträger aus 2018. Das Berichtsjahr 2018 wurde dabei als Übergangsphase angesehen. Es bestand für die Trägerbereiche die Möglichkeit, die Datenerfassungen mit einer geringen Anzahl an ausgewählten Pilotträgern vorzunehmen; für den ersten Bericht liegt damit noch keine Vollerhebung vor.

Dem ersten Teilhabeverfahrensbericht sind folgende Daten zum trägerspezifischen Persönliche Budget (PB) zu entnehmen (S. 86 ff.):

Rehabilitationsträger	Beantragte PB	Bewilligte PB
Bundesagentur für Arbeit	708	669
Eingliederungshilfeträger	46	44
Krankenversicherung	k.A.	k.A.
Jugendhilfeträger	k.A.	0
Rentenversicherung	k.A.	92
Unfallversicherungsträger	1137	1137

Der Umfang der übermittelten Daten reicht laut Teilhabeverfahrensbericht nicht aus, um die Anzahl der Anträge mit einem **trägerübergreifenden** Persönlichen Budget und die Anzahl der bewilligten Persönlichen Budgets adäquat darstellen zu können.

Der zweite Teilhabeverfahrensbericht wird Ende 2020 mit den Daten aus 2019 erscheinen; eine Vollerhebung ist dann vorgesehen.

Rechtliche Grundlagen

Die für Persönliche Budgets zentrale Rechtsgrundlage findet sich seit 01.01.2018 in § 29 SGB IX.

Hier ist geregelt, dass Persönliche Budgets nur auf Antrag des Leistungsberechtigten ausgeführt werden. Oberstes Ziel ist die Ermöglichung eines möglichst selbstbestimmten Lebens in eigener Verantwortung. Maßgabe ist der individuell festgestellte Bedarf. Beteiligt sind je nach Bedarf die Rehabilitationsträger, je nach Fallgestaltung also die Träger der Eingliederungshilfe, die Träger der Sozialhilfe, gesetzliche Krankenkassen, Unfallversicherungsträger, Rentenversicherungsträger, die Pflegekassen und die Integrationsämter. Das Persönliche Budget kann sowohl von nur einem Träger (z. B. Eingliederungshilfeträger) als auch von mehreren Trägern (z. B. Eingliederungshilfeträger und Pflegekasse) erbracht werden. Gestalten mehrere Leistungsträger gemeinsam ein Budget, wird dies trägerübergreifend als Komplexleistung erbracht. Komplexleistung bedeutet, dass mehrere einzelne Teilleistungen zu einer großen Gesamtleistung, eben der Komplexleistung, zusammengefasst werden.

Der Bedarf an Leistungen wird in der Regel alle zwei Jahre geprüft. Persönliche Budgets werden so bemessen, dass der individuell festgestellte Bedarf gedeckt wird. Das Persönliche Budget soll die Kosten aller bisher individuell festgestellten, ohne das Persönliche Budget zu erbringenden Leistungen nicht überschreiten. Behörde und Budgetnehmer schließen eine Zielvereinbarung ab, deren Inhalt sich dann im Bewilligungsbescheid (Verwaltungsakt) manifestiert.

§ 29 SGB IX Persönliches Budget

(1) Auf Antrag der Leistungsberechtigten werden Leistungen zur Teilhabe durch die Leistungsform eines Persönlichen Budgets ausgeführt, um den Leistungsberechtigten in eigener Verantwortung ein möglichst selbstbestimmtes Leben zu ermöglichen. Bei der Ausführung des Persönlichen Budgets sind nach Maßgabe des individuell festgestellten Bedarfs die Rehabilitationsträger, die Pflegekassen und die Integrationsämter beteiligt. Das Persönliche Budget wird von den beteiligten Leistungsträgern trägerübergreifend als Komplexleistung erbracht. Das Persönliche Budget kann auch nicht trägerübergreifend von einem einzelnen Leistungsträger erbracht werden. Budgetfähig sind auch die neben den Leistungen nach Satz 1 erforderlichen Leistungen der Krankenkassen und der Pflegekassen, Leistungen der Träger der Unfallversicherung bei Pflegebedürftigkeit sowie Hilfe zur Pflege der Sozialhilfe, die sich auf alltägliche und regelmäßig wiederkehrende Bedarfe beziehen und als Geldleistungen oder durch Gutscheine erbracht werden können. An die Entscheidung sind die Leistungsberechtigten für die Dauer von sechs Monaten gebunden.

(2) Persönliche Budgets werden in der Regel als Geldleistung ausgeführt, bei laufenden Leistungen monatlich. In begründeten Fällen sind Gutscheine auszugeben. Mit der Auszahlung oder der Ausgabe von Gutscheinen an die Leistungsberechtigten gilt deren Anspruch gegen die beteiligten Leistungsträger insoweit als erfüllt. Das Bedarfsermittlungsverfahren für laufende Leistungen wird in der Regel im Abstand von zwei Jahren wiederholt. In begründeten Fällen kann davon abgewichen werden. Persönliche Budgets werden auf der Grundlage der nach Kapitel 4 getroffenen Feststellungen so bemessen, dass der individuell festgestellte Bedarf gedeckt wird und die erforderliche Beratung und Unterstützung erfolgen kann. Dabei soll die Höhe des Persönlichen Budgets die Kosten aller bisher individuell festgestellten Leistungen nicht überschreiten, die ohne das Persönliche Budget zu erbringen sind. § 35a des Elften Buches bleibt unberührt.

(3) Werden Leistungen zur Teilhabe in der Leistungsform des Persönlichen Budgets beantragt, ist der nach § 14 leistende Rehabilitationsträger für

die Durchführung des Verfahrens zuständig. Satz 1 findet entsprechend Anwendung auf die Pflegekassen und die Integrationsämter. Enthält das Persönliche Budget Leistungen, für die der Leistungsträger nach den Sätzen 1 und 2 nicht Leistungsträger nach § 6 Absatz 1 sein kann, leitet er den Antrag insoweit unverzüglich dem nach seiner Auffassung zuständigen Leistungsträger nach § 15 zu.

(4) Der Leistungsträger nach Absatz 3 und die Leistungsberechtigten schließen zur Umsetzung des Persönlichen Budgets eine Zielvereinbarung ab. Sie enthält mindestens Regelungen über

1. die Ausrichtung der individuellen Förder- und Leistungsziele,
2. die Erforderlichkeit eines Nachweises zur Deckung des festgestellten individuellen Bedarfs,
3. die Qualitätssicherung sowie
4. die Höhe der Teil- und des Gesamtbudgets.

Satz 1 findet keine Anwendung, wenn allein Pflegekassen Leistungsträger nach Absatz 3 sind und sie das Persönliche Budget nach Absatz 1 Satz 4 erbringen. Die Beteiligten, die die Zielvereinbarung abgeschlossen haben, können diese aus wichtigem Grund mit sofortiger Wirkung schriftlich kündigen, wenn ihnen die Fortsetzung der Vereinbarung nicht zumutbar ist. Ein wichtiger Grund kann für die Leistungsberechtigten insbesondere in der persönlichen Lebenssituation liegen. Für den Leistungsträger kann ein wichtiger Grund dann vorliegen, wenn die Leistungsberechtigten die Vereinbarung, insbesondere hinsichtlich des Nachweises zur Bedarfsdeckung und der Qualitätssicherung nicht einhalten. Im Fall der Kündigung der Zielvereinbarung wird der Verwaltungsakt aufgehoben. Die Zielvereinbarung wird im Rahmen des Bedarfsermittlungsverfahrens für die Dauer des Bewilligungszeitraumes der Leistungen in Form des Persönlichen Budgets abgeschlossen.

Welche Leistungen der jeweils zuständige Leistungsträger als Persönliches Budget bewilligen kann, ist in den spezifischen Leistungsgesetzen geregelt, z. B.:

- Leistungen der gesetzlichen Krankenversicherung (siehe § 2 Abs. 2 und § 11 Abs. 1 Nr. 5 SGB V)

- Leistungen der sozialen Pflegeversicherung im SGB XI (siehe § 28 Abs. 1 Nr. 14 i. V. m. § 35a SGB XI)
- Leistungen der gesetzlichen Rentenversicherung (siehe § 13 Abs. 1 SGB VI)
- Besondere Leistungen der Bundesagentur für Arbeit (Übergangsgeld, Ausbildungsgeld, Übernahme der Teilnahmekosten für eine Maßnahme, siehe § 118 SGB III)
- Leistungen zur begleitenden Hilfe im Arbeitsleben durch das Integrationsamt (siehe § 185 Abs. 8 SGB IX).

Leistungen der Sozialhilfe sind im SGB XII geregelt, wobei man hier bezüglich der Eingliederungshilfeleistungen differenzierend schreiben muss „bis 31.12.2019". Zum 01.01.2020 wurden die rechtlichen Vorgaben für die Eingliederungshilfe in das SGB IX überführt; zuständig für diese Leistungen ist nicht mehr der Träger der Sozialhilfe, sondern der Träger der Eingliederungshilfe.

Hauptanwendungsfall der Leistungen der Sozialhilfe in der Form des Persönlichen Budgets ist seit 01.01.2020 die Hilfe zur Pflege (vgl. § 61 ff. SGB XII). Mit dieser Sozialleistung werden pflegebedürftige Personen unterstützt, die den notwendigen Pflegeaufwand nicht aus eigenen Mitteln sicherstellen können bzw. wenn die vorrangig zuständige Pflegekasse nicht oder nicht ausreichend leistet. Das Sozialamt übernimmt in diesen Fällen dieselben Leistungen wie die Pflegekasse. Die Leistung „Hilfe zur Pflege" kann auf Antrag des Pflegebedürftigen als Persönliches Budget gestaltet werden (vgl. § 63 Abs. 3 SGB XII), und zwar sowohl trägerübergreifend, also in Kombination mit den Leistungen anderer Träger (z. B. Krankenversicherung, Pflegeversicherung), als auch als Einzelleistung des Sozialamts.

Vertiefend zur Hilfe zur Pflege siehe S. 54.

3.

Voraussetzungen für ein Persönliches Budget

Leistungsberechtigte: Wer kann ein Persönliches Budget erhalten?

„Behinderung" als Voraussetzung

Unabdingbare Voraussetzung für die Nutzung eines Persönlichen
3 Budgets ist, dass ein Mensch mit (drohender) Behinderung einen gesetzlichen Anspruch auf die beantragte Leistung hat. Nichtbehinderte Menschen können keine Leistungen als Persönliches Budget erhalten.

Als „behindert" gelten nach § 2 Abs. 1 SGB IX Menschen, wenn sie körperliche, seelische, geistige oder Sinnesbeeinträchtigungen haben, die sie in Wechselwirkung mit einstellungs- und umweltbedingten Barrieren an der gleichberechtigten Teilhabe an der Gesellschaft mit hoher Wahrscheinlichkeit länger als sechs Monate hindern können. Sie sind von Behinderung bedroht, wenn die Beeinträchtigung zu erwarten ist. Diese seit dem 01.01.2018 gültige Behinderungsdefinition legt einen deutlichen Schwerpunkt auf die Wechselwirkungen zwischen Person und ihrer Umgebung.

Die folgende Abbildung zeigt, welche Merkmale erfüllt sein müssen, damit Behinderung nach § 2 SGB IX vorliegt:

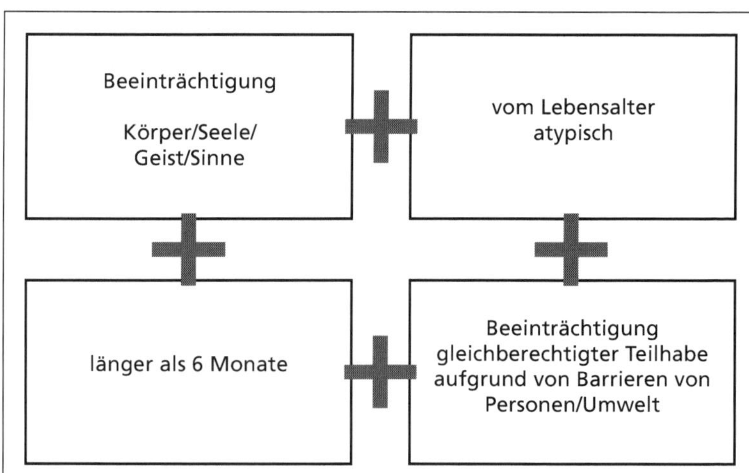

Bisher wurde Blindheit bzw. Sehbehinderung sowie Gehörlosigkeit bzw. Schwerhörigkeit unter den Begriff „Körperbehinderung“ subsumiert. Seit dem 01.01.2018 wird dieser Personenkreis durch den Begriff „Sinnesbeeinträchtigungen“ explizit berücksichtigt.

Zu den Menschen mit sogenannter seelischer Behinderung zählen auch Menschen mit Abhängigkeitserkrankungen.

Wichtig: Zusätzlich zum Begriff der Behinderung des § 2 SGB IX sind gegebenenfalls – je nachdem, welcher Rehablitationsträger für die Teilhabeleistung zuständig ist – Einschränkungen des Begriffs zu berücksichtigen. Nur wenn entsprechende Kriterien erfüllt sind, kann eine Anspruchsberechtigung bestehen.

So regelt beispielsweise § 19 Abs. 1 SGB III für die Rehabilitationsleistungen durch die Bundesagentur für Arbeit: „(1) Behindert im Sinne dieses Buches [gemeint ist das SGB III] sind Menschen, deren Aussichten, am Arbeitsleben teilzuhaben oder weiter teilzuhaben, wegen Art oder Schwere ihrer Behinderung im Sinne von § 2 Abs. 1 des Neunten Buches nicht nur vorübergehend **wesentlich** gemindert sind und die deshalb Hilfen zur Teilhabe am Arbeitsleben benötigen, einschließlich lernbehinderter Menschen.“

Im Bereich der Eingliederungshilfe sind – nach wie vor – die Definition in § 53 SGB XII und die Ausführungen dazu in den §§ 1 bis 3 Eingliederungshilfeverordnung (EGH-VO) zu beachten; dies regelt § 99 SGB IX.

§ 53 SGB XII: Eingliederungshilfe

(1) Personen, die durch eine Behinderung im Sinne von § 2 Abs. 1 Satz 1 des Neunten Buches **wesentlich** in ihrer Fähigkeit, an der Gesellschaft teilzuhaben, eingeschränkt oder von einer solchen **wesentlichen** Behinderung bedroht sind, erhalten Leistungen der Eingliederungshilfe, wenn und solange nach der Besonderheit des Einzelfalles, insbesondere nach Art oder Schwere der Behinderung, **Aussicht besteht**, dass die Aufgabe der Eingliederungshilfe erfüllt werden kann. Personen mit einer **anderen**

körperlichen, geistigen oder seelischen Behinderung **können** Leistungen der Eingliederungshilfe erhalten.

§ 1 EGH-VO: Körperlich wesentlich behinderte Menschen

Durch **körperliche Gebrechen wesentlich** in ihrer Teilhabefähigkeit eingeschränkt im Sinne des § 53 Abs. 1 Satz 1 des Zwölften Buches Sozialgesetzbuch sind

1. Personen, deren Bewegungsfähigkeit durch eine Beeinträchtigung des Stütz- oder Bewegungssystems in erheblichem Umfange eingeschränkt ist,
2. Personen mit erheblichen Spaltbildungen des Gesichts oder des Rumpfes oder mit abstoßend wirkenden Entstellungen vor allem des Gesichts,
3. Personen, deren körperliches Leistungsvermögen infolge Erkrankung, Schädigung oder Fehlfunktion eines inneren Organs oder der Haut in erheblichem Umfange eingeschränkt ist,
4. Blinden oder solchen Sehbehinderten, bei denen mit Gläserkorrektion ohne besondere optische Hilfsmittel
   a) auf dem besseren Auge oder beidäugig im Nahbereich bei einem Abstand von mindestens 30 cm oder im Fernbereich eine Sehschärfe von nicht mehr als 0,3 besteht oder
   b) durch Buchstabe a nicht erfaßte Störungen der Sehfunktion von entsprechendem Schweregrad vorliegen,
5. Personen, die gehörlos sind oder denen eine sprachliche Verständigung über das Gehör nur mit Hörhilfen möglich ist,
6. Personen, die nicht sprechen können, Seelentauben und Hörstummen, Personen mit erheblichen Stimmstörungen sowie Personen, die stark stammeln, stark stottern oder deren Sprache stark unartikuliert ist.

§ 2 EGH-VO: Geistig wesentlich behinderte Menschen

Geistig wesentlich behindert im Sinne des § 53 Abs. 1 Satz 1 des Zwölften Buches Sozialgesetzbuch sind Personen, die infolge einer Schwäche ihrer geistigen Kräfte in **erheblichem Umfange** in ihrer Fähigkeit zur Teilhabe am Leben in der Gesellschaft eingeschränkt sind.

§ **§ 3 EGH-VO: Seelisch wesentlich behinderte Menschen**

Seelische Störungen, die eine **wesentliche** Einschränkung der Teilhabefähigkeit im Sinne des § 53 Abs. 1 Satz 1 des Zwölften Buches Sozialgesetzbuch zur Folge haben können, sind

1. körperlich nicht begründbare Psychosen,
2. seelische Störungen als Folge von Krankheiten oder Verletzungen des Gehirns, von Anfallsleiden oder von anderen Krankheiten oder körperlichen Beeinträchtigungen,
3. Suchtkrankheiten,
4. Neurosen und Persönlichkeitsstörungen.

Wichtig: Die vorstehenden Definitionen der Leistungsberechtigten für Eingliederungshilfeleistungen gelten noch bis voraussichtlich 31.12.2022. Zwar wurden die Regelungen zur Eingliederungshilfe, wie bereits schon angesprochen, ab 01.01.2020 als eigenes Leistungsrecht in das SGB IX überführt. Zu diesem Zeitpunkt gab es aber noch keinen definierten Begriff der Behinderung bzw. des leistungsberechtigten Personenkreises in § 99 SGB IX. Während der Beratungen zum Bundesteilhabegesetz kam es diesbezüglich zu heftigen Auseinandersetzungen, so dass beschlossen wurde, hier zunächst eine Evaluierung und modellhafte Erprobung durchzuführen, die bis zum 31.12.2022 abgeschlossen sein soll; ab 01.01.2023 soll dann eine neue Definition des leistungsberechtigten Personenkreises eingeführt werden (vierte Reformstufe des Bundesteilhabegesetzes). Bis dahin erhalten Personen, die die Kriterien von § 53 Abs. 1 und 2 SGB XII und §§ 1 bis 3 der Eingliederungshilfe-Verordnung erfüllen, Leistungen der Eingliederungshilfe – auch in Ausführung eines Persönlichen Budgets.

Der Anspruch auf Leistungen für behinderte oder von Behinderung bedrohte Menschen ist im Sozialgesetzbuch (SGB) Neuntes Buch (IX) Rehabilitation und Teilhabe behinderter Menschen **und** den jeweiligen Leistungsgesetzen festgelegt. Ziel aller Teilhabeleistungen ist es, die

Selbstbestimmung und gleichberechtigte Teilhabe am Leben in der Gesellschaft zu fördern, Benachteiligungen zu vermeiden oder ihnen entgegenzuwirken (§ 1 SGB IX).

Beispiel:

Herr Fuchs leidet seit Jahren an Schizophrenie. Nachdem sich sein Gesundheitszustand zunehmend verschlechtert hat, so dass er mehr und mehr auf Hilfe angewiesen ist, interessiert er sich für ein Persönliches Budget, mit dem er eine Unterstützung für sein Leben in seiner Wohnung organisieren will. Er wendet sich daher an den zuständigen Träger der Eingliederungshilfe und beantragt im Rahmen der Eingliederungshilfe entsprechende Leistungen in Form eines Persönlichen Budgets. Voraussetzung für die Inanspruchnahme ist, dass Herr Fuchs aufgrund seiner seelischen Behinderung , die nach § 53 SGB XII i. V. m. § 3 EGH-VO zu prüfen ist, einen Anspruch auf Leistungen zur Teilhabe hat.

Voraussetzung für einen Anspruch auf Leistungen ist immer, dass die Erkrankungen bzw. Einschränkungen die Möglichkeiten selbstständigen Lebens oder einer Berufsausübung erheblich beeinträchtigen.

Menschen mit Suchterkrankung

Auch Menschen mit Abhängigkeitserkrankung (z. B. Sucht nach Drogen, Medikamenten oder Alkohol) können Budgetnehmer sein. Die Suchterkrankung zählt als seelische Behinderung (siehe oben § 3 Ziffer 3 EGH-VO). Damit ist die Möglichkeit der Inanspruchnahme des Persönlichen Budgets gegeben.

Viele Suchtkranke nutzen ihr Persönliches Budget für die ambulante Nachsorge nach einer stationären Maßnahme der Hilfe zur Teilhabe.

Beispiel:

Der 45-jährige alkoholabhängige Herr Kaufmann verwendet sein Persönliches Budget, um im Anschluss an seinen zweijährigen Aufenthalt in einer soziotherapeutischen Einrichtung seine ambulante Nachsorge zu gestalten. Anstatt eine Suchtberatungsstelle in Anspruch zu nehmen, möchte er als „externer Besucher“ am Gruppenangebot der soziotherapeutischen Einrichtung teilnehmen. Er sieht für sich in der Fortsetzung der ambulanten Unterstützung durch ihm vertraute Mitarbeiter einen wesentlichen Vorteil.

Vereinzelt kann eine Budgetbewilligung auch für „verfahrene" Situationen eine Lösung anbieten.

Beispiel:

Herr Meier, seit vielen Jahren alkoholabhängig, gilt als obdachlos und wohnt in einem leerstehenden Gebäude. Als absehbar wird, dass dieses Gebäude abgerissen werden wird, droht er, „alles anzuzünden und selbst reinzuspringen". Sein gesetzlicher Betreuer stellt daraufhin einen Antrag auf ein Persönliches Budget, der auch bewilligt wird. Mit dem Budget in Höhe von 800 Euro kann Herr Meier bzw. sein gesetzlicher Betreuer das Leben in einer Privatwohnung sicherstellen. Finanziert wird mit dem Budget im Wesentlichen eine individuelle Betreuung im Umfang von wöchentlich sechs Stunden. Um nicht in „Versuchung zu geraten", lässt Herr Meier die Vergütung für die individuelle Betreuung direkt an den entsprechenden Dienst überweisen.

Um eine missbräuchliche Verwendung der Budgets zu verhindern, sollten die Rahmenbedingungen für die Budgetnutzung bei suchtkranken Menschen tendenziell enger definiert werden als bei Menschen mit anderen Behinderungen. Dafür stellt die Zielvereinbarung das zentrale Instrument dar. Hier können z. B. Nachweise für die Budgetverwendung spezifisch geregelt werden, es kann vereinbart werden, dass Dienste mit einer besonderen Qualifikation genutzt werden, es können bestimmte Modalitäten der Bezahlung der Leistungen (z. B. Abbuchungsaufträge) festgehalten werden.

Mit Herrn Kaufmann wurde beispielsweise vereinbart, dass er sein Persönliches Budget nicht wie üblich am Monatsanfang erhält, sondern erst am Ende des Monats überwiesen bekommt. Er kann sich so „sicherer" fühlen, wenn er das Geld nur wenige Tage zur Verfügung hat, bis er es an den Leistungserbringer überweisen muss.

Es kann auch in Einzelfällen – wie im Beispiel von Herrn Meier – explizit vereinbart werden, den Budgetbetrag direkt auf ein im Namen des Budgetnehmers geführtes Unterkonto beim Leistungserbringer zu überweisen.

> ***Tipp zum Weiterlesen:***
>
> *Michael Frankenstein, Marina Knobloch, Stefan Viernickel: Handreichung zur Implementierung personenzentrierter Hilfen und Persönlicher Budgets in der Suchthilfe. Leitfaden für die Praxis; veröffentlicht vom Fachverband Drogen und Rauschmittel e.V., Odeonstr. 14, 30159 Hannover*

Anspruchsvoraussetzungen der einzelnen Leistungsgesetze

Die Erfüllung der Voraussetzungen für einen Leistungsbezug ist wesentlich, da das Persönliche Budget an sich kein eigener Leistungsanspruch ist, sondern lediglich eine andere Form der Leistungserbringung.

Die Zuständigkeit und die konkreten Voraussetzungen für die Leistungserfüllung ergeben sich nach den jeweiligen Leistungsgesetzen (§ 7 Satz 2 SGB IX).

Die Anspruchsvoraussetzungen sind nach den jeweiligen Leistungsgesetzen jeweils unterschiedlich.

Sie können abhängig sein von

- einer Zugehörigkeit zum Personenkreis (siehe oben auch die Ausführungen zum Begriff der Behinderung) bzw. dem Grad der Behinderung,
- einer Bedürftigkeit,
- einem Versicherungsstatus.

So ist der Leistungsanspruch gegenüber einer gesetzlichen Krankenkasse abhängig davon, ob eine Mitgliedschaft besteht, auf eine Bedürftigkeit kommt es nicht an. Gegenüber dem Träger der Eingliederungshilfe ist aufgrund des Nachrangprinzips entscheidend, ob der Antragsteller tatsächlich bedürftig ist und kein eigenes Einkommen oder Vermögen über die Freigrenzen hinaus vorhanden ist und Ansprüche gegenüber anderen Rehabilitationsträgern oder sonstigen Dritten (z. B. Unterhaltsansprüche) nicht vorliegen.

Liegen die Voraussetzungen für einen Leistungsbezug vor, ist auf Antrag des Leistungsberechtigten die Leistung in Form eines Persönlichen Budgets zu gestalten (§ 29 SGB IX). Fehlen die Zugangsvoraussetzungen für einen Leistungsbezug, gibt es auch keine Leistungsgestaltung in Form eines Persönlichen Budgets.

Wichtig: Für ein Persönliches Budget gibt es über die Zugehörigkeit zum leistungsberechtigten Personenkreis hinaus keine speziellen Anforderungen, die in der Person des Leistungsberechtigten liegen. Spezifische Kriterien, z. B. Regiefähigkeit, Geschäftsfähigkeit oder die Fähigkeit zur selbständigen Budgetverwaltung hat der Gesetzgeber nicht vorgesehen.

Leistungsträger: Wer ist zuständig für die Erbringung des Persönlichen Budgets?

Welche Leistungsträger können ein Persönliches Budget vereinbaren?

Deutschland verfügt im Bereich der Rehabilitation über ein sogenanntes „gegliedertes System“, an dem verschiedene Rehabilitationsträger, wie z. B. Krankenkassen, Rentenversicherung, Träger der Unfallversicherung sowie Träger der Eingliederungshilfe, beteiligt sind. § 6 SGB IX regelt abschließend, wer Träger der Leistungen zur Teilhabe (Rehablitationsträger) sein kann (siehe die nachstehende Aufzählung). Darüber hinaus können Leistungen zur Rehabilitation vielfach ergänzt werden durch Leistungen z. B. der Pflegekassen und Integrationsämter, die beide nicht zum Kreis der Rehabilitationsträger gehören.

Ansprüche auf Teilhabeleistungen können nach § 6 SGB IX gegenüber folgenden Rehabilitationsträgern bestehen:

- den gesetzlichen Krankenkassen
- der Bundesagentur für Arbeit
- den Trägern der gesetzlichen Unfallversicherung
- dem Träger der gesetzlichen Rentenversicherung sowie Alterssicherung der Landwirte

- den Trägern der Kriegsopferversorgung, Kriegsopferfürsorge
- den Trägern der öffentlichen Jugendhilfe
- den Trägern der Eingliederungshilfe (bisher: Träger der Sozialhilfe)

Alle Leistungen zur Teilhabe am Leben in der Gesellschaft, die von diesen Trägern alleine oder gemeinschaftlich mit anderen erbracht werden können, können in Form eines Persönlichen Budgets gestaltet werden.

Für Leistungen zur begleitenden Hilfe im Arbeitsleben durch das Integrationsamt ist das Persönliche Budget in § 185 Abs. 8 SGB IX geregelt. Für die soziale Pflegeversicherung findet sich in § 35a SGB XI die Vorgabe, dass Leistungen auch als Persönliches Budget ausgestaltet werden können.

Ansprechstellen sowie ergänzende unabhängige Teilhabeberatung

Die Vielzahl der möglichen Rehabilitationsträger kann für Menschen mit Behinderung bei der Geltendmachung ihrer gesetzlichen Leistungsansprüche eine Hürde darstellen. Dies gilt insbesondere, wenn Ansprüche gegenüber verschiedenen Trägern vorhanden sind. Um Menschen mit Behinderung trägerübergreifend und anbieterneutral umfassende Hilfe anbieten zu können, hatte der Gesetzgeber den Gemeinsamen Servicestellen der Rehabilitationsträger eine wichtige Rolle zugeschrieben. Leider haben sich diese – bis auf wenige Ausnahmen – in der Praxis nicht bewährt. Sie wurden deshalb bis spätestens zum 31.12.2018 abgeschafft.

Um weiterhin eine Beratung und Unterstützung gewährleisten zu können, hat der Gesetzgeber seit dem 01.01.2018 neben den allgemeinen Aufklärungs- und Beratungspflichten der Rehabilitationsträger in § 12 SGB IX geregelt, dass der Rehabilitationsbedarf frühzeitig erkannt und die Antragstellung des Leistungsberechtigten unterstützt werden soll. Die Rehabilitationsträger benennen hierfür Ansprechstellen, die Informationsangebote vermitteln sollen. Dies gilt explizit auch für Fragen im Zusammenhang eines Persönlichen Budgets (vgl. § 12 Abs. 1 Satz 2 Punkt 2 SGB IX).

Ein weiteres Informations- und Beratungsangebot, die „ergänzende unabhängige Teilhabeberatung“ (EUTB), wurde ebenfalls ab 01.01.2018 eingeführt. Diese von den Rehabilitationsträgern und Leistungserbringern unabhängige ergänzende Beratungsform steht neben der Beratung der Rehabilitationsträger; sie soll bereits im Vorfeld der Beantragung konkreter Leistungen zur Verfügung stehen und über Rehabilitations- und Teilhabeleistungen informieren und beraten (vgl. § 32 SGB IX). Das Peer-to-Peer Counseling (Betroffene beraten Betroffene) wird bei der ergänzenden unabhängigen Teilhabeberatung dabei besonders berücksichtigt.

3

> ***Praxis-Tipp:***
>
> *Die Webseite www.teilhabeberatung.de enthält neben Informationen für Ratsuchende eine Suchmöglichkeit der bisher in Deutschland vorhandenen Teilhabeberatungsstellen.*
>
> *Und noch ein Hinweis: Bei der Abkürzung EUTB werden alle vier Buchstaben einzeln gesprochen und nicht etwa „EU"-TB.*

Auch wenn die ergänzende unabhängige Teilhabeberatung überwiegend im Vorfeld der Beantragung konkreter Leistungen erfolgen soll, ist eine darüber hinausgehende Inanspruchnahme des Beratungsangebotes im gesamten Reha- bzw. Teilhabeprozess möglich. Dies gilt insbesondere auch für die Vorbereitung auf die Teilhabeplankonferenz.

Inwieweit die ergänzende unabhängige Teilhabeberatung die an sie gestellten Erwartungen erfüllen kann, wird sich in der Praxis zeigen.

Was ist ein trägerübergreifendes Persönliches Budget?

Der Gesetzgeber sieht die Gestaltung der Hilfen auch als trägerübergreifendes Persönliches Budget vor.

Hat der Leistungsberechtigte Anspruch auf Leistungen von unterschiedlichen Leistungsträgern und möchte er diese Leistungen als ein Persönliches Budget ausgezahlt bekommen, so soll er diese Leistung „wie aus einer Hand" erhalten. Der Budgetnehmer selbst kommuniziert also in erster Linie mit einem Leistungsträger. Das Persönliche Budget wird in diesen Fällen trägerübergreifend als Komplexleistung erbracht (§ 29 Abs. 1 Satz 3 SGB IX).

Komplexleistung bedeutet, dass mehrere Leistungsträger (z. B. Träger der Eingliederungshilfe und Rentenversicherungsträger) die jeweiligen Leistungen nicht jeweils einzeln, sondern in **einem** gemeinsamen Budget erbringen.

Beispiel:

Frau Norden erhält monatlich 400 Euro Budget für Leistungen zur sozialen Teilhabe vom Träger der Eingliederungshilfe sowie 200 Euro Budget für Fahrten zur Arbeitsstätte vom Rentenversicherungsträger. Sie bekommt daher insgesamt 600 Euro monatlich als Komplexleistung vom Träger der Eingliederungshilfe auf ihr Budgetkonto überwiesen.

Für die trägerübergreifende Koordinierung der Leistungserbringung ist grundsätzlich der Leistungsträger verantwortlich, bei dem der Antrag auf Persönliches Budget gestellt wurde, wenn er zumindest mit einer Teilleistung am Persönlichen Budget beteiligt ist. Er ist verpflichtet, innerhalb von zwei Wochen nach Eingang des Antrages festzustellen, ob er zuständig ist (§ 14 SGB IX). Stellt der Leistungsträger fest, dass er nicht zuständig ist, leitet er den Antrag unverzüglich an den seiner Auffassung nach zuständigen Träger weiter. Hierüber ist der Antragsteller zu informieren. Ziel dieses Zuständigkeitsklärungsverfahrens ist es, einen sogenannten „leistenden Rehabilitationsträger“ festzulegen, der für das gesamte Teilhabeplanverfahren verantwortlich ist und gegenüber dem Antragsteller als alleiniger Ansprechpartner dient.

Um die Auszahlung eines Persönlichen Budgets, das mehrere Leistungsbereiche erfasst, zu erreichen, müssen die verschiedenen Leistungsträger miteinander kommunizieren, den Bedarf feststellen und je nach Zuständigkeit ihren Beitrag leisten.

Dazu haben die Leistungsträger folgende Fragen untereinander zu klären bzw. Stellungnahmen zu folgenden Fragen abzugeben:

- Welche Leistungen werden beantragt und was kann durch ein Persönliches Budget abgedeckt werden?
- Wie hoch ist der Umfang des Bedarfs jedes einzelnen Leistungsträgers (Teilbudget)?

- Wie hoch ist der Umfang des Bedarfs, der durch budgetfähige Leistungen gedeckt werden kann (Gesamtbudget)?
- Was soll Inhalt der Zielvereinbarung sein?
- Gibt es einen Beratungs- und Unterstützungsbedarf?

Der leistende Rehabiliationsträger schließt nach diesem Bedarfsfeststellungsverfahren die Zielvereinbarung mit dem Budgetnehmer und erlässt den Gesamtverwaltungsakt im Auftrag und im Namen der anderen beteiligten Leistungsträger. Er erbringt auch die Leistung, zahlt also das trägerübergreifende Persönliche Budget aus. Intern stellen die anderen beteiligten Träger das auf sie entfallende Teilbudget rechtzeitig dem leistenden Rehabilitationsträger zur Verfügung.

Beispiel:

Frau Kugler hat aufgrund ihrer körperlichen Behinderung einen Anspruch auf Leistungen der Hilfe zur sozialen Teilhabe gegenüber dem Träger der Eingliederungshilfe damit sie weiterhin alleine in ihrer Wohnung leben kann. Gegenüber dem Träger der Rentenvericherung hat sie Anspruch auf Hilfen zur Mobilität, um an ihren Arbeitsplatz zu gelangen. Frau Kugler möchte die beiden Leistungen in einer gemeinsamen Summe von einer Behörde erhalten und beantragt deshalb beim Träger der Eingliederungshilfe ein trägerübergreifendes Persönliches Budget.

Der Träger der Eingliederungshilfe als zuständige Behörde agiert nun als leistender Rehabilitationsträger (siehe § 14 SGB IX), setzt sich mit dem Träger der Rentenversicherung in Verbindung und holt dort eine Stellungnahme zum Umfang und zur Höhe der gewünschten Hilfe zur Mobilität ein (Teilbudget).

Der Rentenversicherungsträger formuliert zudem, was Ziel dieser Maßnahme sein soll.

Der Träger der Eingliederungshilfe seinerseits stellt ebenfalls die Höhe seines Budgetanteils und das Ziel des Budgetanteils fest. Er schließt nun mit Frau Kugler eine entsprechende Zielvereinbarung ab, bei der er auch die Teilhabeziele des Rentenversicherungsträgers berücksichtigt, und erlässt einen Bescheid über das trägerübergreifende Persönliche Budget.

Trägerübergreifende Persönliche Budgets sind trotz Rechtsanspruch noch immer sehr selten. In der Vergangenheit wurden sie am häufigsten in Kooperation zwischen Trägern der Eingliederungshilfe und den Pflegekassen umgesetzt. Dabei wurden Leistungen der Pflegekassen (Pflegegeld, Pflegesachleistung) einerseits mit (ergänzenden) Leistungen der „Hilfe zur Pflege" im Rahmen der Sozialhilfe, andererseits mit Leistungen der Hilfe zur Teilhabe kombiniert.

Leistungsarten: Welche Leistungen können als Persönliches Budget gestaltet werden?

Leistungsgruppen zur Teilhabe nach dem Rehabilitationsrecht

Grundsätzlich sind alle Leistungen zur Teilhabe nach dem Rehabilitationsrecht des SGB IX budgetfähig. Gemeint sind damit Leistungen, die Menschen mit Behinderung den Zugang zum Leben in der Gesellschaft ermöglichen sollen.

Der Gesetzgeber teilt diese Teilhabeleistungen in § 5 SGB IX in sogenannte Leistungsgruppen ein:

- Leistungen zur medizinischen Rehabilitation
- Leistungen zur Teilhabe am Arbeitsleben
- Leistungen zur Teilhabe an Bildung
- Leistungen zur sozialen Teilhabe (bisher genannt: Teilhabe am Leben in der Gemeinschaft)

Ebenfalls eine eigene Leistungsgruppe sind unterhaltssichernde bzw. -ergänzende Leistungen (z. B. Verletztengeld, Unterhaltsgeld). Sie ergänzen bei Bedarf Leistungen zur medizinischen Rehabilitation und zur Teilhabe am Arbeitsleben. Diese Leistungen sind jedoch nicht budgetfähig.

Leistungen der medizinischen Rehabilitation

Allgemeines Ziel und Aufgabe der medizinischen Rehabilitation ist, den gesundheitlichen Schaden sowie die eingetretenen Funktionsausfälle und Beeinträchtigungen hinsichtlich der Verrichtungen des täglichen Lebens, einschließlich derjenigen im Berufsleben und der gesellschaftlichen Integration, zu beseitigen oder zumindest einzuschränken, den

Rehabilitanden bei seiner Bewältigung zu unterstützen und drohende Funktionsausfälle oder Beeinträchtigungen zu verhindern.

Definition der Deutschen Gesellschaft für Medizinische Rehabilitation e.V. (DEGEMED):

„Die medizinische Rehabilitation führt nach schweren körperlichen und psychischen Erkrankungen, nach eingreifenden akutmedizinischen Behandlungen sowie bei chronischen Krankheitsverläufen und Behinderungen zur Wiedereingliederung in Beruf und Gesellschaft.

In der Rehabilitation werden neben der Fortführung der Behandlung von Krankheiten und Schädigungen die Wiederherstellung der Leistungsfähigkeit und damit die berufliche und soziale Wiedereingliederung angestrebt. Dazu gehören die Beseitigung von Fähigkeitsstörungen, das Erlernen von Ersatz- und Ausgleichsfähigkeiten sowie die Überwindung von Benachteiligungen. Die aktive Umgangsweise mit der eigenen Erkrankung zur Stabilisierung des Gesundheitszustandes und zur Verbesserung der Lebensqualität soll erlernt werden."

Leistungen der medizinischen Rehabilitation sind nach § 42 Abs. 2 SGB IX insbesondere:

- Behandlung durch Ärzte, Zahnärzte und Angehörige anderer Heilberufe, soweit deren Leistungen unter ärztlicher Aufsicht oder auf ärztliche Anordnung ausgeführt werden, einschließlich der Anleitung, eigene Heilungskräfte zu entwickeln
- Früherkennung und Frühförderung behinderter und von Behinderung bedrohter Kinder
- Arznei- und Verbandmittel
- Heilmittel einschließlich physikalischer, Sprach- und Beschäftigungstherapie
- Hilfsmittel
- Belastungserprobung und Arbeitstherapie

Diese Leistungen können ergänzt werden durch psychosoziale Hilfen, z. B. zur Unterstützung bei der Krankheitsbewältigung, zur Entwicklung lebenspraktischer Fähigkeiten, zur seelischen Stabilisierung und zur Förderung der sozialen Kompetenz.

Leistungen zur medizinischen Rehabilitation werden je nach Zuständigkeit von den Krankenkassen, Unfallversicherungsträgern, Rentenversicherungsträgern, Trägern der Kriegsopferversorgung und Kriegsopferfürsorge, von den Trägern der öffentlichen Jugendhilfe oder von den Trägern der Eingliederungshilfe erbracht.

Leistungen zur Teilhabe am Arbeitsleben

Die Leistungen zur Teilhabe am Arbeitsleben sollen dem Rehabilitanden seinen Weg in Ausbildung und Beschäftigung ermöglichen; diese Leistungsgruppe wird auch als berufliche Rehabilitation bezeichnet. Die gesetzlichen Grundlagen sind im SGB IX niedergelegt; als spezielles Leistungsgesetz ist das SGB III zu berücksichtigen. Leistungsträger sind insbesondere die Bundesagentur für Arbeit, die Rentenversicherungsträger, die Unfallversicherungsträger sowie die Träger der Eingliederungshilfe.

In ihrer Geschäftsanweisung „Förderung der Teilhabe am Arbeitsleben (GA SGB IX)“ stellt die Bundesagentur für Arbeit fest:

- Alle Leistungen zur Teilhabe am Arbeitsleben nach dem SGB IX und SGB III, für die Arbeitnehmer anspruchsberechtigt sind (Leistungen an Arbeitnehmer), sind budgetfähig.
- Leistungen, für die Arbeitgeber anspruchsberechtigt sind (Leistungen an Arbeitgeber), sind nicht budgetfähig.

Träger, die Leistungen zur Teilhabe am Arbeitsleben im Rahmen eines Persönlichen Budgets ausführen, benötigen grundsätzlich eine Zulassung nach § 176 SGB III. In sachlich begründeten Ausnahmefällen (z. B. bei individuell zugeschnittenen Einzelmaßnahmen) können aber auch dann Leistungen im Rahmen des Persönlichen Budgets von der Arbeitsagentur bewilligt werden, wenn der Leistungsberechtigte einen nicht formell anerkannten Träger wählt.

Für Bezieher von Arbeitslosengeld II, Sozialgeld oder sonstiger Leistungen nach dem SGB II gilt:

- Leistungen zur Sicherung des Lebensunterhalts sind keine Reha-Leistungen und somit nicht budgetfähig.

- Soweit Leistungen zum Lebensunterhalt durch andere Träger erbracht werden, sind diese auf Leistungen zur Sicherung des Lebensunterhalts nach dem SGB II anzurechnen.
- Leistungen zur Teilhabe am Arbeitsleben, die in Form des Persönlichen Budgets erbracht werden, sind kein Einkommen im Sinne des § 11 Abs. 1 Satz 1 SGB II und nicht auf Arbeitslosengeld II anzurechnen.

In Zuständigkeit anderer Leistungsträger gelten u. a. folgende Leistungen:

- Leistungen im Eingangsverfahren und Berufsbildungsbereich der Werkstätten für behinderte Menschen (WfbM) oder bei einem anderen Leistungsanbieter
- Leistungen im Arbeitsbereich durch der Werkstätten für behinderte Menschen bzw. durch andere Leistungsanbieter
- Arbeitsassistenz
- Leistungen der Berufsvorbereitung sowie der beruflichen Anpassung und Weiterbildung
- Beförderungskosten (zum Arbeitsplatz) im Rahmen von Kfz-Hilfeleistungen (einkommensabhängig)

Exkurs: Andere Leistungsanbieter

Menschen mit Behinderungen, die Anspruch auf Aufnahme in einer WfbM haben, haben seit 01.01.2018 eine Alternative zur beruflichen Bildung und zur Beschäftigung in einer solchen Werkstatt. Sie können die ihnen zustehenden Leistungen im Eingangsverfahren, im Berufsbildungsbereich sowie im Arbeitsbereich nun auch bei anderen Leistungsanbietern in Anspruch nehmen (§ 60 SGB IX). Andere Leistungsanbieter sind dabei keine gewöhnlichen „Arbeitgeber", sondern sollen eine vergleichbare berufliche Bildung oder Beschäftigung anbieten, wie sie in einer Werkstatt angeboten wird. Deshalb gelten auch für diese Anbieter fast die gleichen Voraussetzungen wie für die Werkstätten für behinderte Menschen; die Voraussetzungen, die nicht erfüllt sein müssen, sind in § 60 Abs. 2 SGB IX abschließend geregelt. Die wichtigste davon ist wohl die fehlende Aufnahmeverpflichtung. Andere Leistungsanbieter sind nicht verpflichtet, Leistungen zur Teilhabe am Arbeitsleben für anspruchsberechtigte Menschen mit Behinderungen zu erbringen.

Kein Ausschluss des Persönlichen Budgets

Nach der Entscheidung des Bundessozialgerichts vom 30.11.2011 (Az. B 11 AL 7/10 R) können Leistungen im Eingangsverfahren und im Berufsbildungsbereich der Werkstätten für behinderte Menschen (WfbM) in Fällen der Leistungsausführung durch ein Persönliches Budget nicht allein deshalb verweigert werden, weil es sich bei der konkret gewählten Einrichtung nicht um eine anerkannte Werkstatt handelt. Bei Vorliegen sachlicher Gründe ist die Förderung einer Maßnahme im Ermessenswege auch außerhalb einer anerkannten WfbM möglich, sofern die sonstigen Vorgaben des § 40 SGB IX beachtet werden und im konkreten Fall das Ziel der gesetzlich vorgesehenen Förderung dadurch in gleicher Weise erreicht werden kann.

Was bis dato für eine Förderung außerhalb der WfbM im Rahmen des Ermessens möglich war, muss natürlich nun auch bei den gesetzlich normierten anderen Leistungsanbietern gelten. Auch bei Inanspruchnahme eines anderen Leistungsanbieters ist ein Persönliches Budget möglich.

In beiden Fällen muss ein „Eingangsverfahren“ mit der Prüfung durchgeführt werden, ob die Werkstatt bzw. der andere Leistungsanbieter eine geeignete Einrichtung für die Teilhabe des behinderten Menschen am Arbeitsleben ist, welche Beschäftigungen und ggf. welche anderen Leistungen zur Teilhabe am Arbeitsleben in Betracht kommen.

Im „Berufsbildungsbereich“ muss geprüft werden, ob Leistungen angeboten werden, die geeignet sind, um die Leistungs- oder Erwerbsfähigkeit des behinderten Menschen soweit wie möglich zu entwickeln, zu verbessern oder wiederherzustellen. Zudem muss die Prognose erstellt werden, dass der behinderte Mensch nach Teilnahme an diesen Leistungen in der Lage ist, wenigstens ein Mindestmaß wirtschaftlich verwertbarer Arbeitsleistung im Sinne des § 136 SGB IX zu erbringen.

Basierend auf diesen Informationen ist dann ein Eingliederungsplan zu erstellen.

Wichtig: Für werkstattbeschäftigte Behinderte besteht Versicherungspflicht in der gesetzlichen Krankenversicherung (§ 5 Abs. 1 Nr. 7 SGB V) und Rentenversicherung (§ 1 Nr. 2 SGB VI) sowie Unfallversicherung (§ 2 Abs. 1 Nr. 4 SGB VII). Sie erwerben einen Rentenanspruch, der deutlich überproportional zum Werkstattentgelt liegt. Voraussetzung für die Versicherungspflicht und den erhöhten Rentenanspruch ist, dass der behinderte Mensch seinen Teilhabeanspruch am Arbeitsleben in einer anerkannten Werkstatt wahrnimmt. Wird diese jedoch verlassen, um mit einem Persönlichen Budget eine alternative Teilhabe am Arbeitsleben zu gestalten, gelten diese Privilegien nicht mehr (siehe dazu auch das Fallbeispiel Frau Gross in Kapitel 5).

Budget für Arbeit, Budget für Ausbildung

Neben den hier erklärten Leistungen zur Teilhabe an Arbeit hat der Gesetzgeber mit Geltung ab 01.01.2018 das Budget für Arbeit sowie mit Geltung ab 01.01.2020 das Budget für Ausbildung als neue Leistungsformen geschaffen. Diese werden am Ende dieses Kapitels erklärt.

Leistungen zur sozialen Teilhabe

Die bis 31.01.2017 als „Leistungen zur Teilhabe am Leben in der Gemeinschaft" bezeichneten Leistungen zielen darauf ab, dem Menschen mit Behinderung eine möglichst weitgehende und damit gleichberechtigte Teilhabe am gesellschaftlichen und kulturellen Leben zu ermöglichen.

Mit dem Bundesteilhabegesetz wurden diese Leistungen nicht nur umbenannt, sondern auch erstmals in den §§ 76 bis 84 SGB IX näher beschrieben. Durch diesen Katalog werden die bisherigen Leistungsmöglichkeiten aber nicht erweitert oder eingeschränkt, sondern lediglich neu formuliert und benannt. So sind etwa Assistenzleistungen (§ 78 SGB IX) und Leistungen zur Mobilität (§ 83 SGB IX) nun wörtlich im Leistungskatalog zu finden; die Ausformulierung entspricht aber dem Leistungsumfang wie er ohnehin bereits in der Vergangenheit – zumeist vom Sozialamt im Rahmen der Leistungen zur Eingliederungshilfe – erbracht wurde.

Die Leistungen zur Sozialen Teilhabe werden nach § 76 SGB IX nachrangig gewährt, d. h. die Leistungen zur medizinischen Rehabilitation, die Leistungen zur Teilhabe am Arbeitsleben und die Leistungen zur Teilhabe an Bildung gehen den Leistungen zur Sozialen Teilhabe vor.

Sofern Leistungen zur Sozialen Teilhabe im Rahmen der Eingliederungshilfe gewährt werden, gelten die

- Regelungen der §§ 76-84 aus dem ersten Teil des SGB IX,
- in Verbindung mit den §§ 113-116 aus dem zweiten Teil des SGB IX.

Damit ergeben sich aus dem SGB IX folgende möglichen Leistungen:

- Leistungen für Wohnraum
  (§ 77, ggf. i.V.m. § 113 Abs. 2 Nr. 1 SGB IX)
- Assistenzleistungen
  (§ 78, ggf. i.V.m. § 113 Abs. 2 Nr. 2 SGB IX)
- Heilpädagogische Leistungen
  (§ 79, ggf. i.V.m. § 113 Abs. 2 Nr. 3 SGB IX)
- Leistungen zur Betreuung in einer Pflegefamilie
  (§ 80, ggf. i.V.m. § 113 Abs. 2 Nr. 4 SGB IX)
- Leistungen zum Erwerb und Erhalt praktischer Kenntnisse und Fähigkeiten
  (§ 81, ggf. i.V.m. § 113 Abs. 2 Nr. 5 SGB IX)
- Leistungen zur Förderung der Verständigung
  (§ 82, ggf. i.V.m. § 113 Abs. 2 Nr. 6 SGB IX)
- Leistungen zur Mobilität
  (§ 83, ggf. i.V.m. § 113 Abs. 2 Nr. 7 SGB IX)
- Hilfsmittel
  (§ 84, ggf. i.V.m. § 113 Abs. 2 Nr. 8 SGB IX)
- Besuchsbeihilfen
  (nur im Rahmen der Eingliederungshilfe!, § 113 Abs. 2 Nr. 9 SGB IX)

Hilfe zur Pflege im Rahmen der Sozialhilfe

Die Leistungen der Hilfe zur Pflege im Rahmen der Sozialhilfe sind in den §§ 61 bis 66a SGB XII geregelt. Sie sind in vollem Umfang in ein Persönliches Budget einzubeziehen, sofern der Berechtigte einen Antrag auf ein Persönliches Budget gestellt hat (§ 63 Abs. 3 SGB XII). Wichtig ist auch hier, dass die rechtlichen Voraussetzungen für den Bezug von Hilfe zur Pflege der Sozialhilfe grundsätzlich erfüllt sein müssen, denn auch hier regelt die Möglichkeit der Leistungsausführung nur das „Wie", aber nicht das „Ob" der Leistung. Die rechtlichen Voraussetzungen, wie Einkommens- und Vermögensgrenzen für den Bezug von Hilfe zur Pflege der Sozialhilfe, müssen also erfüllt sein:

- Es muss eine finanzielle Bedürftigkeit vorliegen, Einkommens- und Vermögensgrenzen müssen beachtet werden.
- Hilfe zur Pflege durch den Träger der Sozialhilfe kann nur geleistet werden, wenn keine andere Hilfe, insbesondere Leistungen der Pflegeversicherung, greift bzw. sie nicht ausreicht (Nachranggrundsatz der Sozialhilfe).
- Auch müssen die Defizite des Antragstellers so groß sein, dass er in einen Pflegegrad eingestuft ist oder eingestuft werden kann (mindestens Pflegegrad 1).

> ***Lebenslagenmodell bei Zusammentreffen von Eingliederungshilfe und Hilfe zur Pflege***
>
> *Leistungsberechtigte, die sowohl Leistungen der Eingliederungshilfe beziehen als auch auf Leistungen der Hilfe zur Pflege Anspruch haben und noch im Erwerbsleben sind, stehen vor dem Problem, dass in diesem Fall die Regeln zum Einsatz von Einkommen und Vermögen nach dem SGB XII Vorrang haben und damit zu einem Verlust des selbst erwirtschafteten Einkommens bis auf Sozialhilfeniveau führen. Mit Einführung des sog. Lebenslagenmodells in § 103 Abs. 2 SGB IX verhindert dies der Gesetzgeber. Erhalten pflegebedürftige Menschen mit Behinderungen, die nicht in einer besonderen Wohnform leben, Leistungen der Eingliederungshilfe bereits vor Erreichen der Regelaltersgrenze, umfasst die Eingliederungshilfe auch die Leistungen der Hilfe zur Pflege, solange die Teilhabeziele des Gesamtplans erreicht werden können. In diesen Fällen gelten die Einkommens- und Vermögensregelungen des SGB IX (siehe dazu Schritt 3 in Kapitel 4).*

Liegen die rechtlichen Voraussetzungen vor, kommen die Hilfen insbesondere in folgenden Fallkonstellationen infrage:

- Es besteht kein Leistungsanspruch gegen die Pflegekasse, da der Bedürftige nicht zum Kreis der Versicherten in der Pflegeversicherung zählt.
- Die Leistungen der Pflegeversicherung reichen zur Deckung des Bedarfs nicht aus und müssen deshalb durch Leistungen der Sozialhilfe aufgestockt werden.

Bis zur Reform der Pflegeversicherung durch die Pflegestärkungsgesetze und damit verbunden der Neugestaltung der Hilfe zur Pflege durch das Pflegestärkungsgesetz III war es möglich, dass auch solche Bedürftige pflegerische Hilfeleistungen durch die Sozialhilfe erhielten, die nicht die Mindestvoraussetzungen zur Einstufung erfüllten (also keine Pflegestufe) und damit von Leistungen der Pflegeversicherung ausgeschlossen waren. Dies gilt seit der Neugestaltung zum 01.01.2017 nicht mehr: Hilfe zur Pflege erhalten nur noch Bedürftige, deren Defizite so groß sind, dass sie in einen Pflegegrad eingestuft sind oder eingestuft werden können. Leistungen im Rahmen der Hilfe zur Pflege sind nur noch möglich, wenn mindestens ein Pflegegrad 1 vorliegt. Damit keine Unterversorgung von Personen ohne pflegegradrelevante Einschränkungen eintritt, sind im Rahmen der Sozialhilfe andere Hilfsmöglichkeiten zu prüfen (z. B. Hilfe zur Weiterführung im Haushalt, Hilfe in besonderen Lebenslagen).

Je nach Pflegegrad umfasst die Hilfe zur Pflege folgende Leistungen:

- Pflegegrad 2, 3, 4 oder 5:
  - häusliche Pflege (Pflegegeld, häusliche Pflegehilfe, Verhinderungspflege, Pflegehilfsmittel, Maßnahmen zur Verbesserung des Wohnumfeldes, Kosten für Sozialversicherungsbeiträge von Pflegepersonen, Kosten für Beratungen, Kosten, die aufgrund eines Arbeitgebermodells entstehen)
  - teilstationäre Pflege
  - Kurzzeitpflege
  - vollstationäre Pflege
  - Entlastungsbetrag

- Pflegegrad 1:
  - Pflegehilfsmittel
  - Maßnahmen zur Verbesserung des Wohnumfeldes
  - Entlastungsbetrag

Zu den Leistungen der Pflegeversicherung siehe S. 58.

Leistungen des Integrationsamtes

Das Integrationsamt ist für Aufgaben nach dem Schwerbehindertenrecht zuständig.

Schwerbehinderte Menschen, die mindestens 15 Stunden pro Woche berufstätig sind, können begleitende Hilfen im Arbeitsleben erhalten.

Das Integrationsamt selbst ist kein Rehabilitationsträger. Es wird aber nach § 185 Abs. 8 SGB IX in Bezug auf das Persönliche Budget den Rehabilitationsträgern gleichgestellt. Das Integrationsamt kann somit seine Leistungen zur begleitenden Hilfe im Arbeitsleben auch als Persönliches Budget ausführen. Die Integrationsämter sind deshalb in § 29 Abs. 1 Satz 2 SGB IX ebenfalls für die Ausführung der Leistungen in Form eines Persönlichen Budgets vorgesehen.

Eine Auswahl von Leistungen des Integrationsamtes, die budgetfähig sind:

- Leistungen von Integrationsfachdiensten, die im Auftrag der Rehabilitationsträger tätig werden (§ 194 Abs. 1 SGB IX)
- Leistungen zur Teilnahme an Maßnahmen zur Erhaltung und Erweiterung beruflicher Kenntnisse und Fertigkeiten
- Übernahme der Kosten einer notwendigen Arbeitsassistenz (zur Sicherung bestehender Beschäftigungsverhältnisse)

Leistungen der Rentenversicherung

Die Leistungen der Rentenversicherung sind im Sozialgesetzbuch (SGB) Sechstes Buch (VI) – Gesetzliche Rentenversicherung beschrieben. Neben der klassischen Rentenzahlung erbringt die gesetzliche Rentenversicherung auch Leistungen zur medizinischen Rehabilitation und Leistungen zur Teilhabe am Arbeitsleben. Es gilt hierbei der Grundsatz „Rehabilitation vor Rente“.

Die Leistungen werden auf Antrag durch ein Persönliches Budget erbracht (§ 13 SGB VI). Eine Auswahl von Leistungen der Rentenversicherung, die budgetfähig sind:

- Kfz-Hilfe in Form der Erstattung der Kosten für die Beschaffung eines behinderungsgerechten Kfz bzw. für eine Zusatzausstattung und Fahrerlaubnis
- Zuschuss zu den Beförderungskosten im Sinne der Kfz-Hilfe-Verordnung als Leistung zur Teilhabe am Arbeitsleben
- Arbeitsassistenz
- Wohnungshilfe
- Rehabilitationssport und Funktionstraining
- Reisekosten
- Haushaltshilfe und Kinderbetreuungskosten
- Gebärdensprachdolmetscher

Leistungen der gesetzlichen Krankenversicherung

Die Aufgabe der gesetzlichen Krankenkassen ist es, die Gesundheit der Versicherten zu erhalten, wiederherzustellen oder ihren Gesundheitszustand zu bessern. Dazu gehört auch, Krankheitsbeschwerden zu lindern. Die gesetzlichen Grundlagen befinden sich im Sozialgesetzbuch (SGB) Fünftes Buch (V).

Die Leistungen werden auf Antrag durch ein Persönliches Budget erbracht (§ 2 Abs. 2 SGB V). Eine Auswahl von Leistungen der Krankenversicherung, die budgetfähig sind:

- Ambulante Rehabilitationsmaßnahmen; ambulante Anschlussrehabilitationen
- Stationäre Rehabilitationsmaßnahmen, stationäre Anschlussrehabilitation
- zum Verbrauch bestimmte Hilfsmittel
- häusliche Krankenpflege
- Haushaltshilfe
- Fahrtkosten
- Reisekosten als ergänzende Leistungen zur medizinischen Rehabilitation

- Rehabilitationssport und Funktionstraining
- Gebärdensprachdolmetscher

Leistungen der sozialen Pflegeversicherung

In den Schutz der sozialen Pflegeversicherung sind alle einbezogen, die in der gesetzlichen Krankenversicherung oder bei einem privaten Krankenversicherungsunternehmen versichert sind. Träger der sozialen Pflegeversicherung sind die Pflegekassen; ihre Aufgaben werden von den Krankenkassen wahrgenommen. Die gesetzlichen Grundlagen befinden sich im Sozialgesetzbuch (SGB) Elftes Buch (XI).

Es ist die Aufgabe der Pflegeversicherung, Pflegebedürftigen Hilfe zu leisten, die wegen der Schwere der Pflegebedürftigkeit auf solidarische Unterstützung angewiesen sind (§ 1 SGB XI).

Pflegebedürftige erhalten nach § 35a SGB XI auf Antrag folgende Leistungen auch als Persönliches Budget, sofern die sonstigen rechtlichen Voraussetzungen erfüllt sind (insbesondere Pflegegrad):

- Pflegesachleistung, also Inanspruchnahme eines ambulanten Pflegedienstes (§ 36 SGB XI)
- Pflegegeld (§ 37 Abs. 1 SGB XI)
- Kombinationsleistung, also Kombination von Pflegesachleistung und Pflegegeld (§ 38 SGB XI)
- zum Verbrauch bestimmte Pflegehilfsmittel mit 40-Euro-Grenze (§ 40 Abs. 2 SGB XI)
- teilstationäre Pflege, also Tages- und Nachtpflege (§ 41 SGB XI)

Wichtig: Die Pflegesachleistung sowie die Leistungen zur Tages- und Nachtpflege dürfen nur in Form von Gutscheinen zur Verfügung gestellt werden. Die Gutscheine dürfen nur von durch die Pflegekasse zugelassene Pflegeeinrichtungen bzw. -dienste eingelöst werden. Bei der Kombinationsleistung ist nur das anteilige und im Voraus bestimmte Pflegegeld als Geldleistung budgetfähig.

Nicht budgetfähige Leistungen der sozialen Pflegeversicherung:

- vollstationäre Pflege (§ 43 SGB XI)
- Verhinderungspflege (§ 39 SGB XI)
- Kurzzeitpflege (§ 42 SGB XI)

Seit dem 01.01.2018 sind Persönliche Budgets auch für Leistungen der Pflegeversicherung realisierbar. Vorher war das Persönliche Budget für Leistungen der Pflegeversicherung nur umsetzbar, wenn zusätzlich noch Leistungen der Eingliederungshilfe geleistet wurden. Der Leistungsträger, der das Persönliche Budget nach § 29 Abs. 3 SGB IX durchführt, kann dabei auch die Pflegekasse selbst sein. Ist ein anderer Träger für die Durchführung des Persönlichen Budgets zuständig, hat er sicherzustellen, dass eine entsprechende Leistungsbewilligung und Verwendung der Leistungen durch den Pflegebedürftigen gewährleistet ist.

Da die Möglichkeiten der Leistungsgestaltung von Pflegeleistungen durch ein Persönliches Budget stark vom inhaltlichen Aufbau der sozialen Pflegeversicherung abhängen, werden zunächst die zwei großen Säulen der sozialen Pflegeversicherung dargestellt. Sie bestehen zum einen aus der Pflegesachleistung für die Pflege in der eigenen Wohnung durch einen anerkannten Pflegedienst, zum anderen aus der deutlich niedrigeren Geldleistung, die als Honorierung von Leistungen durch Nichtprofessionelle oder Angehörige vorgesehen ist (sogenanntes Pflegegeld).

Pflegesachleistung und teilstationäre Pflege

Die Pflegesachleistung umfasst je Kalendermonat:

Pflegegrad	Monatlicher Höchstbetrag
Pflegegrad 2	689 Euro
Pflegegrad 3	1298 Euro
Pflegegrad 4	1612 Euro
Pflegegrad 5	1995 Euro

Alternativ zu dieser Pflegesachleistung können auch Leistungen in teilstationärer Pflege in Einrichtungen der Tages- oder Nachtpflege erfolgen. Teilstationäre Pflege bedeutet, dass der Pflegende seinen

Lebensmittelpunkt in den eigenen vier Wänden hat, jedoch tagsüber oder in der Nacht in einer Einrichtung ist. Es gelten auch hier die für die jeweiligen Pflegegrade vorgesehenen Höchstgrenzen der Pflegesachleistung.

Pflegegeld für selbst beschaffte Pflegehilfen

Nach § 37 SGB XI können Pflegebedürftige anstelle der Pflegesachleistung ein Pflegegeld beantragen. Der Anspruch setzt voraus, dass der Pflegebedürftige die erforderlichen Pflegemaßnahmen in geeigneter Weise selbst sicherstellt. Im Unterschied zur Pflegesachleistung ist für die Verwendung des Pflegegeldes der Einsatz eines anerkannten Leistungserbringers (ambulanter Pflegedienst) nicht zwingend notwendig. Im Gegenteil, das Pflegegeld soll das Engagement pflegender Angehöriger honorieren. Das Pflegegeld beträgt je Kalendermonat:

Pflegegrad	Monatlicher Höchstbetrag
Pflegegrad 2	316 Euro
Pflegegrad 3	545 Euro
Pflegegrad 4	728 Euro
Pflegegrad 5	901 Euro

Pflegehilfsmittel

Pflegebedürftige haben einen Anspruch auf Versorgung mit „zum Verbrauch bestimmten“ Pflegehilfsmitteln. Diese Pflegehilfsmittel können z. B. Einmalhandschuhe, Mundschutz, Desinfektionsmittel sein (vgl. Pflegehilfsmittelverzeichnis gemäß § 78 Abs. 2 SGB XI i. V. m. § 128 SGB V). Sie dürfen monatlich den Betrag von 40 Euro nicht übersteigen (vgl. § 40 Abs. 2 SGB XI). Während der Corona-Pandemie wird der Beitrag auf 60 Euro angehoben.

Möglichkeiten der Budgetgestaltung in der sozialen Pflegeversicherung

Das Persönliche Budget in der sozialen Pflegeversicherung kann nur in Anspruch genommen werden

- mit den erheblich niedrigeren Sätzen des Pflegegeldes oder
- mittels Gutscheinen für anerkannte Pflegeeinrichtungen in der Pflegesachleistung.

Somit ist die Intention des Persönlichen Budgets, mehr Selbstbestimmung zu erreichen, für Leistungsberechtigte der Pflegekassen nur bedingt umgesetzt.

Wie dennoch Spielräume ermöglicht werden, zeigt dieses Beispiel aus der Praxis:

Beispiel:

Herr Baum ist in Pflegegrad 4 eingestuft und möchte seine Pflege nicht nur von Pflegefachkräften, sondern auch durch von ihm angeleitete Laienkräfte sicherstellen. Er beantragt das Persönliche Budget für die Pflegesachleistung und erhält einen Gutschein in Höhe von 1.612 Euro monatlich. Er hat mit dem von der Pflegekasse anerkannten Pflegedienst „Pflege mit Herz" vereinbart, dass dieser Pflegedienst die von ihm ausgewählten Laienkräfte als Honorarkräfte anstellt. Herr Baum löst seinen Gutschein in voller Höhe bei „Pflege mit Herz" ein. Mit diesem Gutschein bezahlt „Pflege mit Herz" zum einen die angestellten Pflegefachkräfte, zum anderen die Laienkräfte.

Wichtig: Soweit die Leistungen der Pflegekassen nicht ausreichend sind, können ergänzende Hilfen zur Pflege bei einem Leistungsanspruch auf Sozialhilfe ebenfalls als Budget gestaltet werden (siehe dazu S. 54).

Weitere budgetfähige Leistungen

Darüber hinaus können weitere Leistungen der Krankenkassen und der Pflegekassen, Leistungen der Träger der Unfallversicherung bei Pflegebedürftigkeit sowie Hilfe zur Pflege der Sozialhilfe budgetfähig sein, wenn sie sich auf Bedarfe beziehen, die

- alltäglich und
- regelmäßig wiederkehrend sind und
- als Geldleistung oder Gutschein erbracht werden können.

Definitionen der Bundesarbeitsgemeinschaft für Rehabilitation:
„Alltäglich" bezieht sich auf die Anforderungen in Arbeit, Familie, Privatleben und Gesellschaft sowie die Gestaltung des eigenen Lebensumfeldes. Hilfebedarf kann darin bestehen, diese Anforderungen individuell zu bewältigen und die eigenen Ressourcen (persönlich, sozial, umweltbezogen) zu erweitern.
„Regelmäßig wiederkehrend" ist ein Bedarf, der entweder in feststellbaren Zeitabständen (z. B. täglich, wöchentlich, monatlich, jährlich) anfällt und einen erkennbaren Rhythmus aufweist oder innerhalb eines vorab feststehenden Zeitraums dauerhaft, zumindest aber wiederholt, gegeben ist.

Neue Leistungsform: Budget für Arbeit

Zum 01.01.2018 wurde als neue Leistungsform das Budget für Arbeit (§ 140 Abs. 2 Nr. 3 SGB XII i. V. m. § 61 SGB IX) eingeführt. Ziel des Budgets für Arbeit ist es, Menschen mit Behinderungen Beschäftigungsalternativen zur WfbM oder bei einem anderen Leistungsanbieter zu ermöglichen, die auf dem sogenannten ersten Arbeitsmarkt stattfinden. Menschen mit Behinderungen sollen durch eine Kombination aus finanzieller Unterstützung an den Arbeitgeber und – sofern notwendig – kontinuierlicher personeller Unterstützung am Arbeitsplatz die Chance auf eine sozialversicherungspflichtige Beschäftigung bei einem Unternehmen auf dem allgemeinen Arbeitsmarkt wahrnehmen können.

Anspruchsberechtigt sind Menschen mit Behinderungen, die Anspruch auf Leistungen im Arbeitsbereich einer WfbM haben (§ 58 SGB IX i.V.m. 53 SGB XII) und die mit einem Arbeitgeber ein sozialversicherungspflichtiges Arbeitsverhältnis mit einer tarifvertraglichen oder ortsüblichen Entlohnung abgeschlossen haben. Zuständig für die Leistung ist der Träger der Eingliederungshilfe, der das Budget für Arbeit mit einem individuellen Teilhabeplan begleiten soll (vgl. Orientierunghilfe zu den Leistungen zur Teilhabe am Arbeitsleben, BAGüS S. 11 und S. 13).

Durch das Budget für Arbeit erhält der Arbeitgeber einen Zuschuss zu den Lohnkosten, um die behinderungsbedingte Leistungsminderung des Arbeitnehmers ausgleichen zu können. Dieser Zuschuss ist abhängig vom Verdienst des Beschäftigten. Er beträgt bis zu 75 Prozent des vom Arbeitgeber regelmäßig gezahlten Arbeitsentgeltes, höchstens 40 Prozent der monatlichen Bezugsgröße nach § 18 Abs. 1 SGB IV (2018: 1.190 Euro), so die Bundesregelung zur Deckelung. Die Bundesländer können hier von einer Länderöffnungsklausel Gebrauch machen und eine Erhöhung des Lohnkostenzuschusses einführen. Dies hat beispielsweise Bayern gemacht und die Deckelung auf 48 Prozent (2018: 1.428 Euro) der Bezugsgröße angehoben.

Voraussetzung für den Lohnkostenzuschuss ist, dass ein sozialversicherungsrechtliches Arbeitsverhältnis vorliegt; dies kann gegebenenfalls auch eine Teilzeitbeschäftigung sein.

Auch können Aufwendungen wie Arbeitsassistenz oder Job-Coach in das Budget für Arbeit eingerechnet werden. Sofern diese Betreuungsleistungen notwendig sind, sind diese mit dem Lohnkostenzuschuss abzustimmen.

Das Besondere am Budget für Arbeit ist, dass Menschen mit Behinderung wieder in eine WfbM oder zu einem anderen Leistungsanbieter zurückkehren können, wenn sie dies wünschen.

Obwohl von einem Budget gesprochen wird, handelt sich beim Budget für Arbeit nicht um ein Persönliches Budget im Sinne von § 29 SGB IX, sondern um eine eigene Leistungsform. Sofern weitere Leistungen notwendig sind, um die Arbeit durchführen zu können (z. B. technische Hilfsmittel) oder Mobilitätshilfen benötigt werden, um zur Arbeit zu gelangen (z. B. Kraftfahrzeughilfe), können sich auch Schnittstellen zu anderen Rehabilitationsträgern ergeben.

Sinnvoll kann es in solchen Fällen sein, das Budget für Arbeit mit einem Persönlichen Budget für diese weiteren Leistungen zu koppeln, um die möglichst hohe Selbstbestimmung des Menschen mit Behinderung zu gewährleisten. Ob und wie dies in der Praxis geschehen wird, wird die Zukunft weisen.

Neue Leistungsform: Budget für Ausbildung

Das seit 01.01.2020 geltende Budget für Ausbildung soll Menschen mit Behinderungen eine reguläre Erstausbildung am Übergang von der Schule in den Beruf ermöglichen. Bisher hatte dieser Personenkreis häufig nur die Möglichkeit, Leistungen zur beruflichen Bildung in einer WfbM oder bei einem anderen Leistungsanbieter in Anspruch zu nehmen. Damit wird daber kein anerkannter Berufsabschluss erworben.

Leistungsberechtigt sind nach § 61a Abs. 1 SGB IX Menschen mit Behinderungen, wenn sie Anspruch auf Leistungen im Eingangsverfahren und Berufsbildungsbereich haben (§ 57 SGB IX) und bei einem privaten oder öffentlichen Arbeitsgeber ein sozialversicherungspflichtiges Ausbildungsverhältnis in einem anerkannten Ausbildungsberuf oder in einem Ausbildungsgang nach dem Berufsbildungsgesetz (§ 66) oder der Handwerksordnung (§ 42m) eingehen.

Anders also beim Budget für Arbeit, wird kein begrenzter Lohnkostenzuschuss gezalt, sondern die Ausbildungsvergütung im vollem Umfang vom Leistungsträger gezahlt (entweder nach tariflichen Grundsätzen oder in angemessener Höhe, § 61a Abs. 2 SGB IX). Neben der Ausbildungsvergütung werden zudem die Kosten für Anleitung und Begleitung am Ausbildungsplatz entgolten, dies bezieht auch die Berufsschule mit ein (BT-Drs. 19/13399, S. 23).

Budgetbemessung, Budgetverwaltung: In welcher Höhe kann ein Persönliches Budget geleistet werden?

Gibt es eine Höchstgrenze für das Persönliche Budget?

Der Gesetzgeber hat in § 29 Abs. 2 Satz 7 SGB IX eine Sollgrenze für die Höhe des Persönlichen Budgets formuliert: Dabei soll die Höhe des Persönlichen Budgets die Kosten aller bisher individuell festgestellten Leistungen nicht überschreiten, die ohne das Persönliche Budget zu erbringen sind.

Es handelt sich hierbei um eine Soll-Bestimmung; die Höchstgrenze kann in bestimmten Fällen überschritten werden. Dies wäre beispielsweise möglich, wenn durch einen Auszug aus einem Wohnheim vorübergehend höhere Leistungen erforderlich sind, um das Leben in einer eigenen Wohnung gut bewältigen zu können.

Wie wird das benötigte Budget errechnet?

In Deutschland gibt es unterschiedliche Ansätze zur Bemessung der Eingliederungshilfe. Diese Vielfalt zeigt sich auch in der Budgetbemessung. Bei den Trägern der Eingliederungshilfe werden die meisten Budgets aufgrund des vereinbarten zeitlichen Hilfebedarfes, der mit verschiedenen Stundensätzen multipliziert wird, errechnet. Die jeweiligen Stundensätze richten sich nach der notwendigen Qualifikation des Leistungserbringers. Es wird unterschieden zwischen professioneller Leistung, insbesondere durch Diplom-Sozialpädagogen (FH), Sozialarbeitern (B.A.), Sozialpädagogen (M.A.) oder Heilerziehungspflegern, Altenpfleger oder Kinderpfleger, und Leistungen von Nichtprofessionellen (sogenannten Laienhelfern, auch Nachbarn oder Freunden). Auch sonstige Leistungen, z. B. durch hauswirtschaftliches Personal, sind mit Stundensätzen hinterlegt. Ergänzend werden Sätze für Gruppenangebote oder Mobilitätshilfen, Beschäftigungstherapie oder Arbeitstherapie eingerechnet.

Alternativ sind auch pauschalisierte Budgetbeträge, die durch eine Umwandlung einer Sachleistung in einen Geldbetrag gewonnen wurden, in der Praxis anzutreffen.

Wird die Verwendung des Persönlichen Budgets überprüft?

Gesetzliche Regelungen zur Verwendung des Budgets bzw. einer Überprüfung der Budgetverwendung bestehen nur teilweise. In § 29 Abs. 4 Satz 2 SGB IX ist festgehalten, dass Zielvereinbarungen Regelungen über die Erforderlichkeit eines Nachweises zur Deckung des festgestellten individuellen Bedarfes enthalten sollen.

In der Praxis wird dies interpretiert als Frage nach sogenannten Verwendungsnachweisen.

Es gibt deutschlandweit sehr unterschiedliche Vorgehensweisen, auf welche Weise die Budgetnehmer dem Rehabilitationsträger die Verwendung des Budgets nachweisen müssen.

Fast immer jedoch stellt der Verwendungsnachweis einen Spagat zwischen beabsichtigter Liberalisierung von Handlungsspielräumen und gewünschter Transparenz des zweckgebundenen Mitteleinsatzes dar.

Um den Aufwand sowohl für den Menschen mit Behinderung wie auch für die Rehabilitationsträger so gering wie möglich zu halten, sollten Verwendungsnachweise möglichst pragmatisch und unbürokratisch sein. Im Rahmen der Zielvereinbarung kann Folgendes individuell geregelt werden:

- Es sind Verwendungsnachweise in vollem Umfang vorzulegen.
- Es sind Verwendungsnachweise für Teilbeträge vorzulegen.
- Ein Verwendungsnachweis entfällt.

Die Bundesarbeitsgemeinschaft für Rehabilitation empfiehlt in Situationen, in denen auf einen Nachweis nicht verzichtet werden kann oder soll, diesen auf die Leistung zu beziehen, nicht aber auf den Preis. Das heißt, als Nachweise können auch die Verträge dienen, die der Budgetnehmer mit Leistungsanbietern schließt.

Neben dem Nachweis der Budgetverwendung ist die Wirkung der eingekauften Leistungen durch Überprüfung der Ergebnisqualität entscheidend. Hierzu bieten sich regelmäßige Auswertungsgespräche mit dem Budgetnehmer und ggf. seinem gesetzlichen Vertreter an, die – sofern der Leistungsberechtigte damit einverstanden ist – auch z. B. in der häuslichen Umgebung stattfinden können (zur Qualitätssicherung siehe S. 79).

> ***Praxis-Tipp:***
>
> *Der Budgetnehmer sollte ein separates Unterkonto für das Persönliche Budget einrichten. Hierfür anfallende Kontoführungsgebühren sollten von den Leistungsträgern übernommen werden. Dies erleichtert den Überblick über den Kontostand des Budgets wesentlich und kann auch als Nachweis gegenüber dem Leistungsträger verwendet werden.*

Verwendungsnachweis

Tatsächliche Verwendung des PB
- Kontoauszüge
- Vorlage von Arbeitsverträgen
- Vorlage von Verträgen mit Anbietern

Prüfung der Ergebnisqualität durch Qualitätssicherungsgespräche
- Zielerreichung
- Zufriedenheit

Welche Möglichkeiten der Budgetzahlung gibt es?

Je nach individueller Situation des Budgetnehmers können nach Absprache unter den Beteiligten unterschiedliche Möglichkeiten der Budgetüberweisung des Leistungsträgers gefunden werden:

- Überweisung direkt an den Budgetnehmer (mit empfohlenem Unterkonto)
- Überweisung an den gesetzlichen Betreuer
- Überweisung an sonstige Dritte, z. B. Angehörige

> ***Praxis-Tipp:***
>
> *Von Überweisungen unmittelbar an leistungserbringende Dienste sollte abgesehen werden, da hier der Vorteil Persönlicher Budgets gegenüber einer klassischen Sachleistung für die Leistungsberechtigten nicht mehr erkennbar ist. Dieser Weg sollte allenfalls in Einzelfällen und insbesondere nur auf ausdrücklichen Wunsch des Budgetnehmers hin gewählt werden.*
>
> *Die Bezahlung der in einem Arbeits- oder Auftragsverhältnis erbrachten Dienstleistung sollte der Budgetnehmer durch Überweisung oder Einzugsermächtigung vornehmen. Kleinere Geldbeträge für gelegentliche Unterstützungen, z. B. für die Begleitung eines Rollstuhlfahrers ins Kino, können auch bar ausbezahlt werden.*

Was passiert, wenn das Persönliche Budget nicht reicht?

Hier ist entscheidend, herauszufinden, warum das Budget nicht ausreichend ist.

Aufgrund der Erfahrungen von Frau Dr. Metzler aus dem Bundesmodellprojekt kann ein Hauptgrund darin liegen, dass der Unterstützungsbedarf sich während des Budgetbezugs erhöht oder dass von vornherein der Bedarf nicht adäquat eingeschätzt wurde. In Regionen mit eingeschränkter Angebotsstruktur kann sich zudem die Situation ergeben, dass die der Budgetkalkulation zugrunde gelegten Vergütungssätze für die Bezahlung des möglicherweise einzigen Dienstleisters vor Ort nicht ausreichen. In all diesen Fällen ist das Budget entsprechend anzupassen.

Eine weitere Ursache kann darin bestehen, dass der Budgetnehmer mit der Verwendung seines Budgets, insbesondere der Einteilung über längere Zeiträume hinweg, überfordert ist. Das Persönliche Budget ist z. B. bereits am Monatsanfang ausgegeben, sodass noch „viel Monat und wenig Budget" übrig ist. Nach bisheriger Erfahrung kommt dies in der Praxis äußerst selten vor. Die meisten Budgetnehmer teilen ihren Budgetbetrag sehr verantwortungsbewusst ein. Für den Fall der Fälle sollten mit dem Leistungsträger die Ursachen besprochen werden. Es sollte überlegt werden, ob an der Zahlungsweise und Mittelverwendung Änderungen vorgenommen werden müssen oder ob insbesondere bei wiederholten Schwierigkeiten eine Umstellung auf die Sachleistung nicht eher im Sinne des Leistungsberechtigten ist.

Was passiert, wenn der Budgetnehmer Geld übrig hat?

Weitaus häufiger kommt es vor, dass am Ende des Bewilligungszeitraumes nicht ausgeschöpfte Budgetbeträge aufgelaufen sind. Wie mit diesen Budgetresten umgegangen werden soll, ist vorab in der Zielvereinbarung zu regeln.

Auch hier gilt es zu prüfen, ob

- sich der Hilfebedarf verändert/verringert hat,
- Teile des Persönlichen Budgets bewusst angespart worden sind,
- Ausgaben für eine bestimmte Zeit nicht getätigt werden konnten (z. B. durch Wechsel des Anbieters).

Es wird angeraten, eine Übertragung nicht genutzter Budgetbeträge bis zu einer bestimmten Höhe in den nächsten Bewilligungszeitraum zuzulassen; empfohlen wird ein Betrag in Höhe eines Monatsbudgets. Dies dient einerseits der Planungssicherheit des Budgetnehmers; andererseits legen insbesondere Menschen mit schwankenden Hilfebedarfen vielfach bewusst Budgetbeträge für „Krisenzeiten" zurück. Es wäre dem Ziel einer Zunahme von Selbstbestimmung und Eigenverantwortung keinesfalls dienlich, diese für „Notzeiten" zurückgelegten Gelder in voller Höhe zurückzufordern.

Manche Rehabilitationsträger werfen die Frage auf, inwieweit „Budgetüberschüsse" nicht auch Ausdruck eines besonders wirtschaftlichen Verhaltens des Budgetnehmers sind und entsprechend honoriert werden sollten. Die Bundesagentur für Arbeit z. B. regelt in ihrer Handlungsempfehlung zum Persönlichen Budget, dass nicht verbrauchte Beträge bis zu 50 Prozent beim Budgetnehmer verbleiben sollen (Handlungsempfehlung/Geschäftsanweisung 06/2006 Nr. 03). Dies gilt damit auch für überschüssige Budgetbeträge am Ende des Bewilligungszeitraums.

Was passiert, wenn das Geld anderweitig ausgegeben wird?

Wird das Persönliche Budget zweckwidrig verwendet, kann dies unterschiedliche Folgen haben:

- Rückforderung
- Änderung der Zielvereinbarung hinsichtlich der Regelungen zur Budgetzahlung, Verwendung und Nachweispflicht
- Kündigung der Zielvereinbarung mit Umstellung auf Sachleistung

Beispiel:

Frau Mauser erhält seit Jahresbeginn ein Persönliches Budget, um sich eine professionelle Unterstützung durch eine Fachkraft (z. B. Diplom-Sozialpädagoge) einzukaufen. Ihr Ziel ist es, weiterhin trotz einer fortschreitenden seelischen Behinderung mit zunehmender Isolation und Verwahrlosung in ihrer Wohnung leben zu können. Bei einem Rockkonzert verliebt sie sich in einen Portugiesen. Sie möchte ihren neu gewonnenen Freund wieder sehen und beschließt, ihr Persönliches Budget in ein Flugticket nach Portugal zu investieren.

Der Eingliederungshilfeträger kündigte nach Bekanntwerden des Missbrauches die Zielvereinbarung und forderte in monatlichen Raten den Budgetbetrag zurück.

Budgetnehmer als Kunde, Auftrags- bzw. Arbeitgeber: In welcher Form kann das Persönliche Budget vom Berechtigten verwendet werden?

Der Budgetnehmer in der Rolle des Kunden?

Wer eine Leistung auswählt, sie aus eigenen Mitteln bezahlt und nutzt, wird als Kunde bezeichnet. Ein Kunde nimmt aktiv am Marktgeschehen teil, ist souverän und selbstbestimmt bei seiner Kaufentscheidung.

Die Verwendung des Kundenbegriffes soll auch bei Budgetnehmern die gestärkte Selbstbestimmung und Selbstverantwortung zum Ausdruck bringen.

Menschen mit Behinderung sollen durch ein Persönliches Budget mehr Einfluss auf die Wahl ihrer Leistungserbringer und deren ihnen angebotene Leistungen ausüben können. In einer Konferenz berichtete ein Mann mit seelischer Behinderung ganz stolz von seiner neuen Rolle: „Wissen Sie, bis jetzt war ich immer der Behinderte, jetzt bin ich auf einmal ein Kunde – das macht was aus!"

Mit dem Kundenbegriff kann aber auch eine zunehmende Ökonomisierung von Menschen mit Behinderung assoziiert werden. Aufgrund unterschiedlicher Art und Schwere ihrer Beeinträchtigung können manche Menschen mit Behinderung in ihrer Kundensouveränität beeinträchtigt und deshalb nur bedingt in der Lage sein, am Sozialmarkt ihre Interessen gleichberechtigt zu vertreten.

Wie die nachfolgende Übersicht zeigt, kann der Budgetnehmer, ggf. eben der Kunde, sein Budget zum einen einsetzen, um von Leistungsanbietern Dienstleistungen einzukaufen oder aber direkt Beschäftigte anzustellen.

Überblick: Einsatz des Budgets

Einsatz des Budgets

- Auftragsmodell: Unmittelbarer Einkauf der Leistungen von Leistungsanbietern
  - Träger der freien Wohlfahrtspflege
  - Private Anbieter, insbesondere neu gegründete Vereine oder Einzelpersonen
  - Nichtprofessionelle Dienste
    - Ehrenamtliche
    - Nachbarschaftliches Engagement
  - Je nach Art und Umfang ist eine Kombination der Anbieter möglich
- Arbeitgebermodell: Direkte Beschäftigung von Assistenten als Arbeitgeber
  - Normales Beschäftigungsverhältnis
  - Minijob

Auftragsmodell: Der Budgetnehmer beauftragt Anbieter zur Dienstleistungserbringung

Die meisten Budgetnehmer beauftragen Dritte mit der Erbringung von Unterstützungsleistungen.

Diese Leistungen können von den Trägern der freien Wohlfahrtspflege (Arbeiterwohlfahrt, Caritas, Diakonie, Deutsches Rotes Kreuz, Parität, Zentralwohlfahrtsstelle der Juden in Deutschland) erbracht werden.

Darüber hinaus ist die Gründung von Unternehmen oder Vereinen beobachtbar, die sich auf die Erbringung von Budgetleistungen spezialisieren. Es gibt auch immer mehr Einzelunternehmer, die ihre berufliche Qualifikation, z. B. als Sozialpädagoge (M.A.) oder Heilerziehungspfleger, für Dienstleistungen, die durch ein Persönliches Budget bezahlt werden, zur Verfügung stellen.

Je nach Art und Schwere der Behinderung, dem individuellen Hilfebedarf und den vereinbarten Teilhabezielen können Leistungen auch von Nachbarn, Bekannten oder sonstigen Laienkräften eingekauft werden. 3

Zudem ist eine Kombination von Leistungen von professionellen Hilfen und Laienkräften möglich.

Praxis-Tipp: Vorsicht vor Scheinselbstständigkeit!

Beauftragt der Budgetnehmer Einzelunternehmer mit der Leistungserbringung, ist zu unterscheiden, ob es sich um ein Arbeitsverhältnis oder um ein Auftragsverhältnis handelt.

Bei einem Arbeitsverhältnis liegt ein Beschäftigungsverhältnis im Sinne des § 7 Abs. 1 SGB IV vor, mit der Folge, dass Sozialversicherungspflicht nach den einschlägigen Vorschriften eintritt (siehe Besonderheiten bei einem Minijob auf den folgenden Seiten).

Handelt es sich jedoch um ein Auftragsverhältnis in Form eines Honorarvertrages oder Werkvertrages, dann ist zu prüfen, ob das tatsächliche Verhältnis dem vertraglichen Verhältnis entspricht. Handelt es sich tatsächlich um einen selbstständigen Unternehmer, ist der Honorarvertrag auch als solcher zu werten. Handelt es sich jedoch im Sinne des § 7 Abs. 1 SGB IX nicht um einen selbstständigen Unternehmer, sondern um einen Arbeitnehmer, entsteht eine Sozialversicherungspflicht, auch wenn dies vertraglich anders geregelt ist. Hier liegt dann eine sogenannte Scheinselbstständigkeit vor. Denn die Selbstständigkeit des Auftragnehmers besteht nur zum Schein. Das wichtigste Kennzeichen für eine Beschäftigung ist die persönliche Abhängigkeit des Arbeitnehmers gegenüber dem Arbeitgeber. Die Entscheidung darüber, ob eine abhängige Beschäftigung trotz anders vereinbartem Vertrag vorliegt, trifft die Deutsche Rentenversicherung (§ 7 SGB IV).

Arbeitgebermodell: Der Budgetnehmer beschäftigt direkt Assistenten und wird zum Arbeitgeber

In der gegenwärtigen Praxis stellt die direkte Beschäftigung von Assistenten und die damit verbundene Rolle des Budgetnehmers als Arbeitgeber noch die Ausnahme dar.

Es wird empfohlen, sich vor einer Entscheidung für das Arbeitgebermodell über die Rechte und Pflichten von Arbeitgebern und Arbeitnehmern zu informieren und einen schriftlichen Arbeitsvertrag abzuschließen.

In dem Arbeitsvertrag zwischen dem Budgetnehmer als Arbeitgeber und dem Assistenten als Arbeitnehmer sollten alle wesentlichen Rechte und Pflichten geregelt sein.

Checkliste: Wichtige Inhalte eines Arbeitsvertrages

- Name und Anschrift der Vertragspartner
- Beginn des Arbeitsverhältnisses, bei befristetem Arbeitsverhältnis auch dessen Ende
- Beschreibung der Art der Tätigkeit
- Arbeitszeit
- Arbeitsort
- Arbeitsentgelt
- Urlaubsanspruch
- Kündigungsfristen

Eine wesentliche Pflicht eines Arbeitgebers ist die Abgabe der Steuer- und Sozialversicherungsbeiträge. Der Mensch mit Behinderung in der Funktion als Arbeitgeber hat die Lohnsteuer, den Solidaritätszuschlag sowie ggf. die Kirchensteuer einzubehalten und an das Finanzamt weiterzuleiten. Die Beiträge für die Kranken-, Pflege-, Arbeitslosen-, Renten- und Unfallversicherung sowie die Umlage U1, Umlage U2 und die Insolvenzgeldumlage sind ebenfalls durch ihn an die zuständige Krankenkasse abzuführen.

Beim Abschluss des Arbeitsvertrages kann es sich auch um ein sogenanntes geringfügiges Beschäftigungsverhältnis, auch Minijob genannt, handeln. Ein Minijob ist zum einen eine sogenannte geringfügig entlohnte Beschäftigung, bei der der Verdienst regelmäßig im Monat 450 Euro nicht übersteigen darf. Verdient der Arbeitnehmer bis zu dieser Einkommenshöhe, besteht keine Sozialversicherungspflicht und er erhält sein Einkommen brutto wie netto. Die Pauschalbeträge zur Sozialversicherung übernimmt der Arbeitgeber.

Zum anderen zählen auch die sogenannten kurzfristigen Beschäftigungen zu den Minijobs. Bei kurzfristigen Beschäftigungen darf der Verdienst 450 Euro übersteigen, jedoch ist die zeitliche Dauer entscheidend. Innerhalb eines Kalenderjahres müssen sie auf zwei Monate oder 50 Arbeitstage begrenzt sein.

Bei einem Minijob, bei dem haushaltsnahe Dienstleistungen erbracht werden sollen, handelt es sich um einen Minijob in Privathaushalten. Hierzu zählen Tätigkeiten wie Kochen, Putzen, Wäsche waschen, Bügeln, Einkaufen sowie die Betreuung von pflegebedürftigen oder behinderten Menschen. Bei einem Minijob im Privathaushalt hat der Gesetzgeber das Verfahren zur Abgabe von Sozialversicherungsbeiträgen erleichtert. Es ist hier das sogenannte „Haushaltsscheckverfahren“ möglich.

Abgaben für 450-Euro-Minijobs in Privathaushalten (Stand: Januar 2020)	
Pauschalbeitrag zur Krankenversicherung	5 %
Beitrag zur Pflegeversicherung	entfällt
Pauschalbeitrag Arbeitgeber zur Rentenversicherung	5 %
Umlage 1 (Ausgleich der Aufwendungen bei Krankheit des Minijobbers)	0,9 %
Umlage 2 (Ausgleich der Aufwendungen bei Schwangerschaft/Mutterschaft, auch für männliche Minijobber)	0,19 %
Beitrag zur gesetzlichen Unfallversicherung	1,6 %
Steuer	2 %
Summe der Abgaben	**14,69 %**

Wichtig: Wenn ein behinderter Mensch jemanden mit einer Leistung beauftragt und bezahlt, kann es sich bereits um eine Beschäftigung mit der Verpflichtung zur Beitragszahlung in Höhe von 14,74 % handeln. Wird stattdessen jemand ins Kino eingeladen oder eine Pralinenschachtel überreicht, zählt dies als Gefälligkeit und nicht als Beschäftigung.

Beispiel zum Arbeitgeber-Modell:

Frau Beck ist aufgrund eines Kletterunfalls querschnittsgelähmt und auf vielfältige Assistenz angewiesen. Sie erhält neben den Leistungen der Pflegeversicherung noch Leistungen zur sozialen Teilhabe vom Träger der Eingliederungshilfe. Ihre zwei Assistentinnen, die als Minijobberinnen beschäftigt sind, sucht sich Frau Beck durch Zeitungsinserate aus und schließt mit ihnen je einen Arbeitsvertrag. Frau Beck zahlt Pauschalbeiträge von je 14,69 % an die Rentenversicherung.

Praxis-Tipp:

Es wird empfohlen, die konkrete Situation direkt mit der Minijob-Zentrale der Deutschen Rentenversicherung zu klären:

Minijob-Zentrale
Service-Center: (03 55) 29 02-7 07 99
Internetseite: www.minijob-zentrale.de

Wandel in der Anbieterlandschaft: Wer kann Leistungserbringer sein?

Durch das bisherige System der Refinanzierung von Aufwendungen der Leistungsträger aufgrund vereinbarter Sätze liegt eine hohe Planungssicherheit bei den Leistungsanbietern vor. Diese Planungssicherheit ist durch ein Persönliches Budget geringer.

Nach dem Willen des Gesetzgebers sollen Persönliche Budgets den Wettbewerb auf dem Sozialmarkt fördern. Es soll ein stärkeres Werben um den „Kunden“ durch Preis und Leistung erfolgen. Kunden erhoffen sich mehr Freundlichkeit, guten Service und individuellere Hilfen.

Durch Persönliche Budgets verändern sich die Angebote auf dem Sozialmarkt. So ist in der Praxis zu beobachten, dass Budgetnehmer gerne Leistungen in den Abendstunden und am Wochenende in Anspruch nehmen möchten. „Unter der Woche habe ich aufgrund der Werkstatttätigkeit mein festes Programm, da brauche ich keine Freizeitangebote. Aber am Wochenende, da fällt mir die Decke auf den Kopf", formulierte ein Budgetnehmer seinen Dienstleistungswunsch bei einer Konferenz. Durch die individuelleren Hilfeansprüche der Leistungsberechtigten ist eine höhere Flexibilität der Mitarbeiter erforderlich.

3

Im Rahmen der Modellerprobung des trägerübergreifenden Persönlichen Budgets zeigte sich, dass überwiegend eine Nachfrage nach professionellen Dienstleistungen besteht. Knapp die Hälfte der Budgetnehmer/innen entschied sich, Unterstützungsleistungen bei etablierten Einrichtungen und Diensten, aber auch neu gegründeten Dienstleistungsunternehmen einzukaufen. Ergänzt werden diese Leistungen zum Teil, indem allgemeine Infrastrukturleistungen genutzt werden, insbesondere in den Bereichen der Freizeit, Bildung und Mobilität. Nur jeder siebte Budgetnehmer zog es vor, sich ausschließlich von nicht-professionellen bzw. Laienhelfern unterstützen zu lassen; ebenfalls jeder siebte nutzte das Arbeitgebermodell, um seine Unterstützung zu sichern.

Wenn man die Budgetnehmer, die an den Modellprojekten beteiligt waren, fragt, worauf sie besonders Wert legten bei der Auswahl der unterstützenden Dienste oder Personen, dann steht das „Vertrauensverhältnis" an erster Stelle. Weitere Kriterien sind:

- *Geschlecht, Qualifikation und Erfahrung des Anbieters*
- *Sympathie – „die Chemie muss stimmen"*
- *Eingehen auf die Wünsche und Bedürfnisse der Kunden*
- *guter Service*
- *Zuverlässigkeit*

Der Preis für eine Dienstleistung wird hingegen als eher nachrangig angesehen; wenn „die Qualität stimmt", sind die Budgetnehmer auch bereit, die marktüblichen Vergütungssätze zu finanzieren.

Bei der Wahl eines Leistungserbringers sollte sich der Budgetnehmer informieren über:

- die berufliche Qualifikation
- Vertretung bei Urlaub, Krankheit
- die konzeptionelle Ausrichtung des Anbieters (Leitbild, Menschenbild, Angebote etc.)
- Ort der Leistungserbringung (Büro oder Wohnung des Budgetnehmers)
- Zeitliche Flexibilität (Dienst „nur zwischen 9 und 17 Uhr" oder „je nach Bedarf")

Laienhelfer, Nachbarn, Freunde

Leistungen können auch von nichtprofessionellen Anbietern erbracht werden.

Beispiel:

Die Mutter einer jungen Frau mit geistiger Behinderung möchte ein Persönliches Budget, um ihrer Tochter Teilhabe am gesellschaftlichen Leben durch Schwimmbadbesuche, Ausflüge und sonstige kulturelle Teilhabemöglichkeiten zu ermöglichen.
Mit dem Budgetbetrag sollen Freunde und Nachbarn, die zu dieser Unterstützung bereit sind, finanziell für den zu erbringenden Aufwand an Fahrtkosten, Eintrittspreisen etc. entschädigt werden.

Bei der „Vergütung" von Unterstützungsleistungen kann unter bestimmten Bedingungen auch die sogenannte Übungsleiterpauschale genutzt werden.

Unter der Übungsleiterpauschale versteht man eine Vergünstigung nach § 3 Nr. 26 des Einkommensteuergesetzes. Nebenberufliche Einkünfte sind bis zu einer Höhe von 3.000 Euro steuerfrei, wenn eine (nebenberufliche) Tätigkeit für eine gemeinnützige Organisation oder eine juristische Person des öffentlichen Rechts vorliegt. Klassisch ist die Vergütung für Übungsleiter in Sportvereinen. Es zählt jedoch auch die Pflege alter, kranker oder behinderter Menschen hierzu. Neben der Pflege kann auch die Betreuung von Menschen mit Behinderung darunter fallen. Wichtig ist, dass diese Tätigkeit für eine gemeinnützige Organisation oder eine juristische Person des öffentlichen Rechts erfolgt.

Wichtig: Der konkrete Einzelfall sollte mit dem zuständigen Finanzamt bzw. Steuerberater geklärt werden.

3

Kann der gesetzliche Betreuer gleichzeitig Leistungserbringer sein?

Beispiel:

Die seelisch behinderte Frau Grün hat zu ihrem gesetzlichen Berufsbetreuer, Herrn Dipl.-Soz.päd. (FH) Eiselt, ein gutes Vertrauensverhältnis. Herr Eiselt ist bei Frau Grün für alle Aufgabenkreise inklusive Gesundheits- und Vermögensangelegenheiten zuständig. Gerne möchte sie, dass Herr Eiselt nicht nur ihre rechtlichen Belange vertritt, sondern sie auch im Rahmen ihres Persönlichen Budgets sozialpädagogisch als Leistungserbringer betreut. Sie stellt sich die Frage, ob er als gesetzlicher Betreuer gleichzeitig Leistungserbringer sein kann.

Neben einem möglichen fachlichen Interessenskonflikt treten auch rechtliche Hürden auf. Ein gesetzlicher Betreuer kann nur in ganz bestimmten Einzelfällen gleichzeitig Leistungsanbieter sein. Entscheidend ist zunächst, für welche Aufgabenbereiche der gesetzliche Betreuer bestellt wurde. Hat ein Betreuer lediglich die Gesundheitsfürsorge, z. B., um die Einwilligung in Operationen geben zu können, aber keinerlei sonstige rechtliche Vertretung inne, so kann dieser Betreuer auch Leistungserbringer werden, sofern der geschäftsfähige Mensch mit Behinderung in der Lage ist, mit seinem Betreuer einen rechtskräftigen Vertrag abzuschließen.

Für die meisten budgetberechtigten Personen wird ein gesetzlicher Betreuer bestellt, damit die rechtliche Vertretung für weitaus umfassendere Aufgabenbereiche erfolgt. Soll also ein gesetzlicher Betreuer mit umfassenden Aufgabenbereichen gleichzeitig Leistungserbringer werden, entsteht die Problematik des sogenannten „In-Sich-Geschäfts“. Der gesetzliche Betreuer, der rechtlich die Belange des Behinderten vertritt, kann nicht mit sich selbst einen Vertrag schließen. Dieses Verbot des Selbstkontrahierens ist in den §§ 181, 1795 BGB begründet.

Die Situation im Einzelfall ist mit dem Betreuungsgericht zu klären. Eventuell kann ein Ergänzungsbetreuer bestellt werden.

Qualitätssicherungsmaßnahmen: Wer überwacht die Qualität der Leistung?

Der Rehabilitationsträger bleibt durch Bedarfsfeststellung und Abschluss der Zielvereinbarung verantwortlich, die Leistungszwecke und Ziele festzustellen und zu entscheiden, in welchem Umfang er die Verantwortung abgibt. Diese Letztverantwortlichkeit für Wirksamkeit und Wirtschaftlichkeit hat eine doppelte Zielsetzung; sie muss gewährleisten, dass die öffentlichen Mittel der Rehabilitationsträger nur für notwendige Leistungen zur Teilhabe ausgegeben werden. Sie dient aber zugleich auch dem Schutz der Leistungsberechtigten vor Überforderung und Übervorteilung (vgl. Gutachten zu Rechtsfragen des Persönlichen Budgets; Dr. jur. habil. Felix Welti, S. 2 u. 3).

Um die Qualität der Leistung zu beurteilen, ist die Meinung des Leistungsberechtigten viel stärker als in der Sachleistung gefragt. Kommt es bei einer Qualitätsprüfung durch den Träger vor allem auf die Struktur und Prozessqualität und als Ergänzung auf die Ergebnisqualität an, steht bei einem Persönlichen Budget die Ergebnisqualität an erster Stelle.

Der Rehabilitationsträger wird beim Persönlichen Budget also nicht völlig von seiner Verantwortung für die Leistungserbringung freigestellt.

So ist dem Rechtsgutachten von Dr. jur. habil. Felix Welti weiter zu entnehmen:

„Die Verpflichtung, im Rahmen der Zielvereinbarung Vereinbarungen zur Qualitätssicherung zu treffen, kann als Ausdruck dieser Verantwortung des Leistungsträgers angesehen werden.

Qualität ist die Gesamtheit von Eigenschaften und Merkmalen eines Produktes oder einer Dienstleistung, die sich auf deren Eignung zur Erfüllung festgelegter Erfordernisse bezieht. Das Maß oder das Vorhandensein von Qualität wird folglich maßgeblich bestimmt durch die vorherige Festlegung der Erfordernisse bzw. Merkmale, welche erfüllt werden sollen.

Für Leistungen zur Teilhabe soll Qualität entsprechend nach § 2 der gemeinsamen Empfehlung Qualitätssicherung der Rehabilitationsträger nach § 20 Abs. 1 SGB IX vom 27.03.2003, dass diese wirksam und bedarfsgerecht an der ICF der WHO [Internationale Klassifikation der Funktionsfähigkeit, Behinderung und Gesundheit der Weltgesundheitsorganisation] orientiert, fachlich qualifiziert und wirtschaftlich erbracht werden.

Nach der Konzeption des Persönlichen Budgets geht die Definitionsmacht über die Merkmale, welche Qualität ausmachen, insbesondere durch das Merkmal der Nutzerzufriedenheit, partiell auf den Budgetnehmer über. Qualitätssicherung ist daher im Rahmen des Budgets primär Sicherung der Ergebnisqualität. Die Qualitätssicherung kann insoweit auch durch eine nachträgliche Bewertung der Qualität der Leistungserbringung erfolgen. Hierbei spielt wiederum das Kriterium der Nutzerzufriedenheit eine wesentliche Rolle.

Dennoch ist es im Rahmen eines Persönlichen Budgets nicht ausgeschlossen, dass Kriterien der Struktur- und Prozessqualität durch den Leistungsträger definiert werden, wenn diese erforderlich sind, um das Teilhabeziel und damit den Leistungszweck zu erreichen. Formelle Anforderungen an die Leistungserbringung in der Zielvereinbarung wie etwa ein Fachkraftvorbehalt, eine Fachleistungsquote oder die Zertifizierung von Einrichtungen sind daher zulässig, wenn diese im Einzelfall erforderlich sind, um den Leistungszweck zu erreichen."

> ***Praxis-Tipp:***
>
> *Das Gutachten „Rechtsfragen des Persönlichen Budgets nach § 17 SGB IX" ist 2007 als BMAS-Forschungsbericht 367 erschienen. Das Gutachten kann über die Webseite des Bundesministeriums für Arbeit und Soziales (BMAS) abgerufen werden, dort Service » Medien » Publikationen » Forschungsberichte: www.bmas.de/DE/Service/Medien/Publikationen/Forschungsberichte/Forschungsberichte-Teilhabe/fb-f367-rechtsfragen-des-persoenlichen-budgets.html*

4.

Budgetverfahren: 10 Schritte zur Umsetzung des Persönlichen Budgets

10 Schritte zur Umsetzung des Persönlichen Budgets

Budgetverfahren: 10 Schritte zur Umsetzung des Persönlichen Budgets

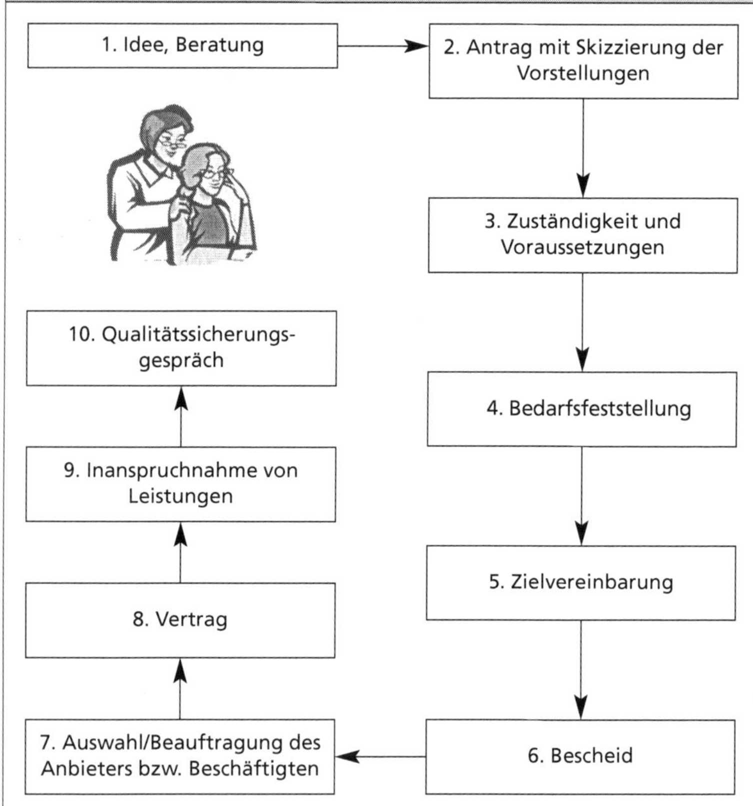

Exemplarisch wird die Vorgehensweise bei der Umsetzung eines Persönlichen Budgets am Beispiel von Frau Weiß erläutert, die bei einem Träger der Eingliederungshilfe Leistungen zur sozialen Teilhabe beantragt.

Schritt 1: Idee, Beratung

Bei Frau Weiß, 42 Jahre alt, liegt seit ihrer Kindheit eine geistige Behinderung vor. Sie hat bis vor Kurzem in einem Wohnheim gelebt und wohnt nun in einem eigenen 1 Zimmer-Appartement, das sie von ihrer Mutter geerbt hat; unterstützt wurde sie bei ihrem Auszug von ihrer gesetzlichen Betreuerin. Frau Weiß ist stolz auf ihre neu gewonnene Selbstständigkeit; sie möchte zunächst keinerlei Hilfen annehmen, sondern versuchen, alle Anforderungen alleine zu bewältigen. Nach einigen Wochen stellt sie jedoch fest, dass sie bei manchen Dingen doch Unterstützung braucht.

Ihre engagierte Berufsbetreuerin, Frau Beyer, hilft Frau Weiß, einen Antrag auf Leistungen zur sozialen Teilhabe beim Träger der Eingliederungshilfe zu stellen. Sie hat auch die Idee, dass die Hilfe in Form eines Persönlichen Budgets gestaltet werden könnte und so der Wunsch, in der eigenen Wohnung zu verbleiben, erfüllt werden kann. Im Gespräch zwischen Frau Weiß und Frau Beyer gab letztlich die zeitliche Flexibilität der Budgetverwendung den Ausschlag für ein Persönliches Budget als Alternative zur Sachleistung.

Schritt 2: Antrag mit Skizzierung der Vorstellungen

Egal, ob die Hilfen als Sachleistung und oder als Persönliches Budget geleistet werden sollen, zunächst muss ein Antrag auf Eingliederungshilfe gestellt werden. Es wird zunächst geprüft, ob überhaupt Leistungen in Anspruch genommen werden können. Zusammen mit ihrer Betreuerin schreibt Frau Weiß an das Sozialamt als Träger der Eingliederungshilfe. In diesem Schreiben beantragt sie Leistungen der Eingliederungshilfe damit sie weiterhin in ihrer Wohnung leben kann.

> **Wichtig:** Der Antrag sollte in eigenen Worten beschreiben, welche Hilfen gewünscht sind.

Sie schreibt folgenden Brief:

An
Träger der Eingliederungshilfe
Sozialamt der Stadt Reims
Winkelweg 6
12345 Reims

Sehr geehrte Damen und Herren,
vor Kurzem bin ich aus dem Wohnheim „Zum guten Hirten" ausgezogen. Nachdem ich dort vieles gelernt hatte, wollte ich unbedingt in einer eigenen Wohnung leben. Vieles ist jetzt dennoch anstrengender, als ich es mir vorgestellt habe. So habe ich Schwierigkeiten, meinen Haushalt alleine zu versorgen und mit dem Alleinsein fertig zu werden.
Ich beantrage daher Hilfe, die mich unterstützen soll, Weiteres zu lernen, z. B. den Umgang mit der neuen Waschmaschine und den Einkauf von Lebensmitteln.
Ich will auf keinen Fall wieder in eine Wohneinrichtung. Ich beantrage die Hilfe als Persönliches Budget.
Dieses Schreiben habe ich zusammen mit meiner Betreuerin verfasst, die gerne bereit ist, Ihnen weitere Auskünfte zu geben.

Mit freundlichen Grüßen
Heidelinde Weiß

Wichtig: Ein Persönliches Budget muss vom Leistungsberechtigten ausdrücklich gewollt werden. Der Mensch mit Behinderung kann wählen, welche Leistungsform für ihn vorteilhafter ist. Er kann sich entscheiden, ob er die Hilfen in der bisher üblichen Weise erhalten möchte oder sie in Form eines monatlichen Geldbetrages bzw. Gutscheines erhalten will. Entscheidend ist jedoch, dass die Leistungsform des Persönlichen Budgets beantragt wird. Dies ist auch im Laufe des Bedarfsermittlungsprozesses möglich. Häufig genügt ein formloser Antrag, aus dem hervorgeht, welche Absicht mit einem Persönlichen Budget verbunden ist.

> ***Praxis-Tipp:***
>
> *Es ist hilfreich, vor Antragstellung beim Leistungsträger nachzufragen, wer als Ansprechpartner für Persönliche Budgets zur Verfügung steht, um sich dort über die weitere Vorgehensweise informieren zu können.*
>
> *Einzelne Behörden haben bereits einen formalisierten Budgetantrag entwickelt. Es empfiehlt sich daher, beim zuständigen Leistungsträger nach der gängigen Praxis zu fragen. Immer mehr Behörden verweisen im Rahmen der Bedarfsfeststellung (vgl. Schritt 4) von sich aus auf die Möglichkeit eines Persönlichen Budgets hin, sodass auch anstelle einer ursprünglich beantragten Sachleistung noch im Laufe des Verfahrens ein Persönliches Budget nachgefragt werden kann.*

4

Schritt 3: Zuständigkeit und Voraussetzungen

Checkliste für den Träger der Eingliederungshilfe:
Prüfung der Zuständigkeit, Voraussetzungen

- Sachliche und örtliche Zuständigkeit
- Wesentliche Behinderung
- Vorliegen eines Hilfebedarfs
- Anspruch auf mindestens eine Leistung der Eingliederungshilfe
- Einkommens- und Vermögensfreigrenzen

Zuständigkeit

Zunächst ist zu klären, ob das Sozialamt der Stadt Reims für die beantragte Leistung überhaupt zuständig bzw. er Träger der Eingliederungshilfe ist. Die Zuständigkeit richtet sich beim Eingliederungshilfeträger nach dem gewöhnlichen Aufenthaltsort (Wohnsitz) zum Zeitpunkt der ersten Antragstellung (§ 98 SGB IX).

Frau Weiß lebt in Reims, sodass das Sozialamt der Stadt Reims als Träger der Eingliederungshilfe auch für sie zuständig ist. Stellt die Behörde bei der Zuständigkeitsprüfung fest, dass sie für die beantragte Leistung nicht der richtige Adressat ist, hat sie den Antrag unverzüglich (innerhalb von zwei Wochen) an den ihrer Auffassung nach zuständigen Rehabilitationsträger weiterzuleiten (vgl. § 14 SGB IX). Wird diese Frist versäumt, wird ein auch eigentlich unzuständiger Leistungsträger zuständig. Das Sozialamt prüft nun, inwieweit Frau Weiß einen Anspruch auf Leistungen hat. Hierbei kommt es insbesondere auf die Behinderung und deren Auswirkungen an.

Vorliegen einer wesentlichen Behinderung

Das Vorliegen einer wesentlichen Behinderung im Sinne des § 53 SGB XII ist als nächstes zu prüfen. Bei Frau Weiß wurde dazu ein Gutachten beim Amtsarzt des Gesundheitsamtes in Auftrag gegeben, bevor sie in das Wohnheim zog. Diese Unterlagen liegen dem Träger der Eingliederungshilfe schon vor, sodass weitere Überprüfungen nicht notwendig sind.

Vorliegen eines Hilfebedarfs

Frau Weiß ist aufgrund der Auswirkung ihrer Behinderung nicht in der Lage, den Haushalt selbstständig zu führen. Sie hat Schwierigkeiten, von sich aus auf Menschen zuzugehen, sich selbstständig Freizeitangebote zu suchen und diese alleine wahrzunehmen. Aufgrund ihrer Behinderung und deren Auswirkungen ist bei Frau Weiß die Teilhabe am Leben in der Gesellschaft eingeschränkt.

Bedürftigkeit und Umfang der Hilfeleistung

Bei der Bedürftigkeit wird geprüft, ob sich jemand aufgrund seines Einkommens oder Vermögens selbst helfen kann. Dies gilt auch nach der Neuordnung der Eingliederungshilfe durch das Bundesteilhabegesetz weiterhin. Verschoben hat sich allerdings – aufgrund der sog. Trennung der Fachleistungen von den existenzsichernden Leistungen – der Rahmen der Hilfeleistungen. Was ist damit gemeint? Seit dem 01.01.2020 werden Kosten, die für den Lebensunterhalt (Miete, Heizkosten, Lebensmittel, Kleidung etc.) notwendig sind, nicht mehr von der Eingliederungshilfe umfasst. Diese existenzsichernden Leistungen werden nun – bei Vorliegen der Voraussetzungen – aus der Grundsicherung im Alter oder bei Erwerbsminderung (SGB XII) oder Grundsicherung für Arbeitsuchende (SGB II, Arbeitslosengeld II oder Sozialgeld) finanziert. Dazu muss ein gesonderter Antrag gestellt werden. Mit dem Persönlichen Budget können jedenfalls keine Kosten des täglichen Lebens finanziert werden.

Möglich ist aber die Finanzierung von „Fachleistungen" über ein Persönliches Budget, also Leistungen für die Betreuung wegen der Einschränkungen aufgrund der Behinderung; sie werden auch Betreuungsleistungen, Leistungen der Eingliederungshilfe oder Teilhabeleistungen genannt.

Wichtig: „Fachleistung" bedeutet nicht, dass die Arbeiten nur von Fachkräften ausgeführt werden dürfen. Auch Unterstützungs- und Betreuungsleistungen von sog. Laienhelfern (z. B. Nachbarschaftshilfe) sind möglich bzw. können über ein Persönliches Budget finanziert werden.

Unter bestimmten Voraussetzungen muss der Leistungsberechtigte einen Beitrag zu den Leistungen der Eingliederungshilfe „dazuzahlen" (vgl. § 92 SGB IX). Diese Pflicht zur Zahlung eines Eigenbeitrags richtet sich nach der Höhe des Einkommens und Vermögens.

Abgrenzungen zu Teilhabeleistungen außerhalb der Eingliederungshilfe

Handelt es sich bei beantragten Teilhabeleistungen um Versicherungsleistungen, für die Beiträge entrichtet wurden, besteht darauf – unabhängig vom Einkommen – ein Rechtsanspruch. Im Bereich der gesetzlichen Krankenversicherung, Pflegeversicherung, Rentenversicherung, Unfallversicherung oder der Arbeitsförderung wird Einkommen oder Vermögen daher nicht angerechnet. Dieser Grundsatz gilt auch bei der Inanspruchnahme eines Persönlichen Budgets. Anders ist die Lage allerdings bei steuerfinanzierten Leistungen wie der Eingliederungshilfe oder der Hilfe zur Pflege, die im Bedarfsfall von der Sozialhilfe erbracht wird. Hier kommen die Einkommens- und Vermögensgrenzen der Sozialhilfe zur Anwendung; dies gilt für die Beantragung für Sachleistungen also auch für die Beantragung eines Persönlichen Budgets. Denn der das Sozialhilferecht prägende Grundsatz der „Subsidiarität" (vgl. § 2 SGB XII) schließt die Hilfegewährung aus, wenn der Hilfesuchende sich selbst helfen kann. Demnach hat der oder die Betroffene zunächst alle Möglich-

> *keiten zu nutzen, den entstandenen Bedarf selbst zu decken. Dazu gehört auch der Einsatz anrechenbaren Einkommens und verwertbaren Vermögens.*

Manche Eingliederungshilfeleistungen sind jedoch – unabhängig davon, ob die Einkommensgrenze erreicht ist oder nicht – grundsätzlich beitragsfrei (z. B. heilpädagogische Hilfen für Kinder mit Behinderungen im Kindergarten, Leistungen zur Teilhabe am Arbeitsleben, Leistungen zur Teilhabe an Bildung, Frühförderung im Rahmen der Leistungen zur medizinischen Rehabilitation).

Die Anrechnung von Einkommen und Vermögen richtet sich bei der Leistungsform des Persönlichen Budgets nach denselben Regeln wie bei der Sachleistung:

Anrechenbares Einkommen

Ist das zu berücksichtigende Einkommen (vgl. § 135 SGB IX) höher als die Einkommensgrenze (vgl. § 136 SGB IX) muss der Leistungsberechtigte einen Beitrag zu seinen Leistungen zur Teilhabe zahlen (vgl. § 137 SGB IX). Für viele Menschen mit Behinderung, z. B. die in Werkstätten arbeiten, liegt diese Grenze bei 28.665 Euro. Arbeitet jemand in einem sozialversicherungspflichtigen Beschäftigungsverhältnis oder selbständigen Tätigkeit beginnt die Eigenbeteiligung bei einem Jahreseinkommen von 32.487 Euro. Für Rentner sind diese Grenzen geringer, sie liegen bei 22.932 Euro. Die Einkommensgrenzen können sich für im Haushalt lebende Partner und Kinder erhöhen. Es erfolgt keine Anrechnung von Partnereinkünften. Von dem übersteigenden Einkommen wird ein Eigenbeitrag von 2 % monatlich erhoben.

Einkommensgrenzen (§ 136 SGB IX) im Jahr 2020

- 32.487 Euro – 85 % der Bezugsgröße
  (sozialversichert Erwerbstätige oder Selbstständige)
- 28.665 Euro – 75 % der Bezugsgröße
  (nicht sozialversicherungspflichtige Beschäftigte)
- 22.932 Euro – 60 % der Bezugsgröße
  (Rentner)

Die Beträge erhöhen sich

- um 15 % der Bezugsgröße für den nicht getrennt lebenden Ehegatten oder Lebenspartner, den Partner einer eheähnlichen oder lebenspartnerschaftsähnlichen Gemeinschaft: aktuell 5.733 Euro
- um 10 % der Bezugsgröße für jedes unterhaltsberechtigte Kind im Haushalt: aktuell 3.822 Euro.

Falls der Partner allerdings selber ein Einkommen hat, das den jeweiligen Grenzbetrag übersteigt, entfällt der Erhöhungsbetrag für diesen; für gemeinsame Kinder gilt dann ein Erhöhungsbetrag von 5 % der Bezugsgröße: aktuell 1.911 Euro.

Bei Eltern minderjähriger Kinder erhöht sich der Einkommensfreibetrags um 28.665 Euro, also 75 % der Bezugsgröße (vgl. § 136 Abs. 5 SGB IX; § 138 Abs. 4 SGB IX).

Verwertbares Vermögen

Bei der Bedürftigkeitsprüfung sind alle verwertbaren Vermögensgegenstände zu berücksichtigen, die nicht zum Kreis des geschützten Vermögens (vgl. dazu die Liste in § 90 Abs. 2 SGB XII) gehören.

Für Antragsteller der Eingliederungshilfe, die nicht auf Grundsicherung oder Hilfe zur Pflege angewiesen sind, ergab sich mit dem Bundesteilhabegesetz eine Verbesserung bei der Höhe der Vermögensgrenze, des sog. "Schonvermögens": Die Vermögensgrenze steigt für Leistungsberechtigte auf 57.330 Euro. Wer Teilhabeleistungen beantragt, darf also selbst nicht mehr als 57.330 Vermögen besitzen.

Wer Teilhabeleistungen beantragt, darf also selbst nicht mehr als 57.330 Euro Vermögen besitzen. Darüberhinausgehendes nicht geschütztes Vermögen muss zunächst erst einmal eingesetzt werden, bevor Leistungen der Eingliederungshilfe in Anspruch genommen werden können.

Die Regelung macht aber auch deutlich, dass es nur um das Vermögen der antragstellenden Person geht. Das Vermögen des Ehepartners oder Partners gehört nicht zum einzusetzenden Vermögen. Wie ein gemeinschaftliches Vermögen den jeweiligen Partnern zuzuordnen ist, wird jeweils im Einzelfall geklärt werden müssen.

Wichtig: Bei gleichzeitigem Bezug von Eingliederungshilfe, Grundsicherung und Hilfe zur Pflege ist die Ermittlung der Einkommens- und Vermögensgrenzen sehr komplex; diese Darstellung würde den Rahmen dieses Ratgebers sprengen. In diesem Fall sollte die Ermittlung direkt vom Leistungsträger festgestellt werden.

Unsere Frau Weiß möchte lediglich Leistungen zur Teilhabe, für ihre Wohnkosten kommt sie selbst auf, so dass in ihrem Fall oben genannten Einkommens- und Vermögensgrenzen anzuwenden sind.

Nachrang

Da in der Eingliederungshilfe das Nachrangprinzip herrscht, ist außerdem noch zu klären, ob jemand die erforderliche Leistung auch von anderen oder von Sozialleistungsträgern erhalten kann (§ 91 SGB IX). Anmerkung: Von „anderen“ meint insbesondere unterhaltspflichte Personen. Dies können z. B. Eltern gebenüber Kindern sein.

Frau Weiß hat niemanden mehr, der sie unterstützen kann. Es besteht auch kein Anspruch gegenüber einem anderen vorrangig zuständigen Leistungsträger. Ihr monatliches Einkommen beträgt 590 Euro und ihr Vermögen 23.200 Euro (die Wohnung gehört zum Schonvermögen nach § 90 Abs. 2 Ziffer 8 SGB XII). Frau Weiß ist also bedürftig im Sinne des SGB IX.

Anspruch auf eine Leistung der Eingliederungshilfe

Bei der gewünschten Leistung muss es sich auch um eine Leistung der Eingliederungshilfe handeln. Für Menschen mit Behinderung sind häufig Leistungen zur Teilhabe am Leben in der Gesellschaft notwendig. Dies können beispielsweise Hilfen zu selbstbestimmtem Leben in einer selbst angemieteten Wohnung oder Hilfen zur Teilhabe am gemeinschaftlichen und kulturellen Leben sein.

Frau Weiß benötigt aufgrund ihrer Behinderung eine Hilfe, die sie bei ihrem Ziel, in der eigenen Wohnung leben zu können, unterstützt.

Frau Weiß hat also einen Anspruch gegenüber dem Träger der Eingliederungshilfe. Sie kann nun wählen, ob sie diesen Anspruch in der bisher gewohnten Weise oder in Form eines Persönlichen Budgets erhalten möchte. Da sie bereits in ihrem Schreiben darauf hingewiesen hat, dass sie ein Persönliches Budget möchte, hat der Leistungsträger diesem Antrag zu entsprechen. Es ist somit nicht die Frage, **ob** ein Persönliches Budget zu genehmigen ist, sondern lediglich, **wie** es auszugestalten ist. Die näheren Einzelheiten, z. B. Art des Verwendungsnachweises, Umgang mit Budgetresten, Kündigungsmöglichkeiten, werden in der Zielvereinbarung festgelegt.

Wichtig: Werden verschiedene Leistungen bei unterschiedlichen Leistungsträgern beantragt, müssen die jeweiligen Anspruchsvoraussetzungen nach den einzelnen Leistungsgesetzen erfüllt sein.

Schritt 4: Bedarfsfeststellung

In der Praxis hatten sich bisher die Begriffe „Budgetkonferenz“ oder auch „Budgetgespräch“ etabliert. Durch die Einführung des Teilhabeplanverfahrens im SGB IX, das alle Rehabiltationsträger zwingend durchführen müssen, hat sich das Verfahren zur Bewilligung von Rehabilitationsleistungen in Form von Sachleistung dem Budgetverfahren angenähert. Es findet nun auch in der Sachleistung eine gemeinsame Konferenz mit dem Leistungsberechtigten statt. Diese Konferenz wird häufig als „Hilfebedarfsermittlungsgespräch“ bezeichnet. Der Gesetzgeber verpflichtet die Träger der Eingliederungshilfe auch zur Erstellung eines Gesamtplanes, ggf. mit Durchführung einer Gesamtplankonferenz. Insbesondere, wenn mehrere Leistungsträger beteiligt sind, soll darüberhinaus noch ein Teilhabeplan mit ggf. einer Teilhabeplankonferenz stattfinden. Soweit so verwirrend. Um dies etwas zu entwirren wird nachfolgend der neutrale Begriff der Konferenz verwendet.

Zunächst muss der Bedarf an Eingliederungshilfe ermittelt werden. Nur wer einen Bedarf hat, erhält Leistungen. Doch was ist ein Bedarf? Der Begriff des Bedarfs ist nicht gesetzlich definiert. Üblicherweise wird ein Bedarf angenommen, wenn erwünschte und angemessene Teilhabeziele behinderungsbedingt nicht ohne Hilfe erreicht werden können (vgl. Empfehlungen des Deutschen Vereins zur Bedarfsermittlung und Hilfeplanung in der Eingliederungshilfe für Menschen mit

Behinderungen, Stand 17.06. 2009). Der Bedarf bestimmt den Umfang der zustehenden Leistungen und somit auch die Höhe des Budgets. Der Leistungsberechtigte hat Anspruch darauf, dass sein individueller Bedarf vollständig gedeckt wird. Eine über den Bedarf hinausgehende Leistung kann jedoch nicht gefordert werden.

Die Feststellung des individuellen Bedarfs eines Menschen mit Behinderung obliegt dem Träger der Eingliederungshilfe, hierbei sind seine Wünsche zu berücksichtigen (vgl. §118 Abs. 1 SGB IX). Zur Feststellung des individuellen Bedarfs wird ein Fragebogen, das sog. Bedarfsermittlungsinstrument, eingesetzt. In Deutschland gibt es kein einheitliches Bedarfsermittlungsinstrument. Jedoch sollen sich alle Instrumente an der Internationalen Klassifikation der Funktionsfähigkeit, Behinderung und Gesundheit (ICF) orientieren (vgl. § 118 SGB IX). Der Gesetzgeber listet neun Lebensbereiche auf, in denen Beeinträchtigungen vorkommen können; diese sind Inhalt jeder Bedarfsermittlung, egal ob Sachleistung oder ein Persönliches Budget gewünscht wird:

Neun Lebensbereiche zur Bedarfsermittlung

1. Lernen und Wissensanwendung,
2. allgemeine Aufgaben und Anforderungen,
3. Kommunikation,
4. Mobilität,
5. Selbstversorgung,
6. häusliches Leben,
7. interpersonelle Interaktionen und Beziehungen,
8. bedeutende Lebensbereiche und
9. Gemeinschafts-, soziales und staatsbürgerliches Leben.

Die Fragebögen zur Bedarfsermittlung sind häufig sehr umfangreich. Die Praxis wird zeigen, inwieweit sich diese komplexen Hilfebedarfsermittlungsinstrumente bewähren. Es gilt eine Balace zu finden zwischen der Ermittlung der notwendigen Bedarfe auf der einen Seite und der Mitwirkungsmöglichkeit des Menschen mit Behinderung, seinen Betreuern und Angehörigen auf der anderen Seite. Auch muss das Bedarfsermittlungsinstrument für die Anwender, insbesondere die Sozialpädagogisch-Medizinischen Dienste der Eingliederungshilfeträger, praktikabel sein. Wichtig ist daher, dass nur die Lebensbereiche näher zu beschreiben sind, in denen eine nicht nur vorübergehende Beeinträchtigung der Aktivität und Teilhabe vorliegt, für die Leistungen der Eingliederungshilfe beantragt werden. Es kann daher nicht das Ziel sein, den kompletten Fragebogen bis ins Detail zu füllen. Der Fokus sollte auf den bedarfsrelevanten Inhalten liegen.

Neben dem individuellen Bedarf geht es in der Konferenz aber auch um weitere Themen wie Zielformulierungen, geeignete Leistungen oder Qualitätssicherungsmaßnahmen.

Checkliste: Ablauf/Themen der Konferenz

- Vorbereitung durch den Leistungsträger (Zusammenstellung vorhandener Unterlagen, Terminabsprache, Einladung)
- Begrüßung, Vorstellung
- Hilfebedarfsermittlung
- Zielformulierung
- Ergänzende Informationen zum Persönlichen Budget
- Budgetbemessung, Zeitraum, Verwendung, Übertragung
- Eventuelle Beratung infrage kommender Anbieter
- Qualitätssicherungsmaßnahmen
- Termin für die nächste Konferenz

Frau Weiß wird zu einer Konferenz eingeladen. Ziel dieses Treffens ist es, noch offene Fragen bezüglich des Budgets zu besprechen, insbesondere den notwendigen Hilfebedarf festzustellen und die Höhe des Budgets zu bemessen. In diesem Gespräch werden auch die Inhalte der Zielvereinbarung vereinbart.

Teilnehmer dieses Gesprächs sind der Budgetinteressent selbst, gegebenenfalls der gesetzliche Betreuer und auf Wunsch Vertrauenspersonen des Budgetinteressenten sowie der sozialpädagogisch-medizinische Fachdienst bzw. der Sachbearbeiter des Leistungsträgers.

Diese Konferenz kann entweder im Lebensumfeld des Budgetinteressenten oder in der Behörde stattfinden. Als Zeitrahmen sollten mindestens eine bis eineinhalb Stunden terminiert werden. Können nicht alle Fragen während dieses Termins geklärt werden, sind weitere Gesprächstermine möglich.

Die Beteiligten einer Konferenz verfügen häufig über einen unterschiedlichen Kenntnisstand des Persönlichen Budgets. Deshalb empfiehlt es sich, die wesentlichen Grundlagen des Persönlichen Budgets nochmals kurz in einfacher Sprache zu erläutern.

Eine direkte Nachfrage beim Antragsteller („Was stellen Sie sich denn unter einem Persönlichen Budget vor?") liefert Hinweise auf Art und Umfang der notwendigen Informationen. Hilfreich kann es auch sein, wenn kurze schriftliche Informationen in einfacher Sprache (z. B. ein Informationsflyer) verfügbar sind.

> **Wichtig:** Die Ergebnisse der Konferenz werden schriftlich festgehalten und sind Bestandteil der Zielvereinbarung.

Wichtige Grundsätze bei der Bedarfsfeststellung eines Persönlichen Budgets

Die Bedarfsfeststellung ist je nach Rehabilitationsträger, Bundesland und Region sehr unterschiedlich. Es werden daher exemplarische Grundätze dargestellt.

Persönliche Beteiligung des Leistungsberechtigten und weiterer Personen

Die Beteiligung des künftigen Budgetnehmers bei der Ermittlung seines Bedarfs ist unverzichtbar. Der Grad der Beteiligung kann je nach Art und Schwere der Behinderung unterschiedlich sein. Können Menschen nicht oder nur teilweise für sich selbst sprechen, können und sollten andere Personen mit einbezogen werden, die den betreffenden Menschen gut kennen.

Der Gesetzgeber hat vorgesehen, dass der Budgetinteressent sonstige Vertrauenspersonen und Leistungserbringer hinzuziehen kann (vgl. § 20 Abs. 3 SGB IX). Dies können z. B. Familienangehörige, Freunde, Nachbarn oder auch Mitarbeiter eines Leistungsanbieters sein. Auch die Beteiligung eines Beraters einer „ergänzenden unabhängigen Teilhabeberatung“ als Vertrauensperson ist möglich (vgl. § 32 SGB IX, siehe auch S. 44). Diese Person(en) seines Vertrauens unterstützt/en den Menschen mit Behinderung insbesondere bei der Formulierung seines Hilfebedarfes und seiner Teilhabeziele.

Selbstverständlich ist darüber hinaus immer die Teilnahme des gesetzlichen Betreuers möglich und in der Praxis häufig der Fall. Der Austausch mit dem gesetzlichen Betreuer sowie der/den vom Budgetnehmer gewählten Person/en sind für die Bedarfserhebung sehr wertvoll, da deren Erfahrungen bezüglich der Auswirkungen der Behinderung, der Ressourcen, einer realistischen Zielformulierung etc. einfließen können.

Wichtig: Es sollte darauf geachtet werden, dass die Gruppe der an der Konferenz teilnehmenden Personen nicht zu groß wird; eine tatsächliche Beteiligung von Menschen mit Behinderung setzt oft überschaubare Rahmenbedingungen voraus. Es geht vor allem darum, dass der Mensch mit Behinderung seine Belange schildern kann.

Fokus auf die aktuelle Lebenssituation

Die Diagnose, der Grad der Behinderung, die Anamnese, ein Überblick über bisherige Behandlungen und Rehabilitationsmaßnahmen sind für die Beurteilung eines Hilfebedarfes sehr hilfreich. Der Schwerpunkt des Gespräches liegt jedoch auf der aktuellen Lebenssituation des Menschen, seinen momentan vorhandenen Ressourcen und insbesondere seinen angestrebten Zielen.

Im Rahmen der Bedarfsfeststellung bietet sich vielfach eine Schilderung der Alltagsgestaltung durch den Leistungsberechtigten an, das heißt:

Der Leistungsberechtigte ist u. a. zu fragen,

- wie er sein Leben aktuell gestaltet,
- mit welchen Aspekten er zufrieden und nicht zufrieden ist,
- was sich seiner Meinung nach ändern sollte.

Wichtig: Die Bedarfsfeststellung ist das Ergebnis eines gemeinsamen Prozesses aller bei der Konferenz Beteiligten!

Bedarfsfeststellung

Eine zentrale Vorgabe für die Bedarfsfeststellung lautet, dass diese Ermittlung personenzentriert passieren und der notwendige individuelle Bedarf ermittelt werden muss.

Von entscheidender Bedeutung – und weitaus wichtiger als die Frage nach dem Instrument der Bedarfsfeststellung – ist die Haltung der Mitarbeiter von Leistungsträgern, die gemeinsam mit dem Leistungsberechtigten den Bedarf, die Ziele und weitere Einzelheiten für ein Persönliches Budget vereinbaren. Bei einem Persönlichen Budget geht es nicht um die Zuteilung von Maßnahmen; vielmehr muss ein Verhandlungsprozess gestaltet werden, in dem „auf gleicher Augenhöhe" eine Verständigung erreicht wird. Dieser Verhandlungsprozess setzt aufseiten der Leistungsträger auch ausreichend Fachpersonal (i. d. R. sozialpädagogisch-medizinische Dienste), voraus.

Schritt 5: Zielvereinbarung

Die Zielvereinbarung wird zwischen dem Budgetnehmer und dem zuständigen Leistungsträger abgeschlossen.

In § 29 SGB IX sind folgende Mindestinhalte festgelegt:

- Ausrichtung der individuellen Förder- und Leistungsziele
- Erforderlichkeit eines Nachweises zur Deckung des festgestellten individuellen Bedarfs
- Qualitätssicherung
- Höhe des Teil- und des Gesamtbudgets

In der Praxis werden diese Mindestregelungen häufig um weitere Inhalte ergänzt:

- Geltungsdauer
- Leistungen
- Pflichten
- Verwendungsnachweise
- Budgetreste

- Ruhen der Leistungen
- Rechtsgrundlage
- Kündigung

Mit der Zielvereinbarung hat der Gesetzgeber etwas Neues eingeführt, das im Sachleistungsbereich so bis dahin nicht bekannt war. Zwar gibt es häufig auch in der Sachleistung im Hilfeplanprozess Formulierungen der angestrebten Förderziele. Im Unterschied zur Sachleistung hat der Gesetzgeber bei Persönlichen Budgets den Abschluss einer Zielvereinbarung jedoch als **unabdingbare Voraussetzung** für die Bewilligung eines Persönlichen Budgets festgelegt.

In der Zielvereinbarung werden im Grunde alle im Verhandlungsprozess gefundenen Vereinbarungen, insbesondere zum Bedarf und den individuellen Förder- und Leistungszielen, zusammengefasst. Ergänzt wird dies um Regelungen, ob und wie ein Nachweis über die Bedarfsdeckung erbracht werden und wie die Qualität der mit dem Budget eingekauften Leistungen gesichert werden soll. Je nach Situation können auch weitere Regelungen mit aufgenommen werden; sinnvoll sind auf alle Fälle Vereinbarungen dazu, was mit etwaigen „Budgetüberschüssen" am Ende des Bewilligungszeitraums geschehen soll.

Wichtig: Seit dem 01.01.2018 muss auch die Höhe des Teilbudgets bzw. das Gesamtbudget eingetragen werden; es muss also bereits zu diesem Zeitpunkt in der Zielvereinbarung die Höhe des Budgets vereinbart werden (§ 29 Abs. 4 SGB IX). Dies birgt in zweierlei Hinsicht Probleme in sich:

- Besteht Uneinigkeit über die Höhe des Budgets, wird die Zielvereinbarung nicht abgeschlossen. Zur Gewährung des Persönlichen Budgets ist dies aber Grundvoraussetzung; denn der Bescheid kann erst dann erstellt werden, wenn die Zielvereinbarung vorliegt.
- Ist eine Zielvereinbarung bereits geschlossen und gibt es einen Konflikt wegen der Höhe des Budgets, kann die gesamte Zielvereinbarung gekündigt werden und damit eine Rücknahme der Bewilligung des Budgets erfolgen. Bis 31.12.2017 hat ein Widerspruch gegen das zu gering gewährte Budget ausgereicht, ohne dass die vereinbarten Inhalte des Persönlichen Budgets in Frage gestellt wurden.

§ **Urteile zur Zielvereinbarung**

Fehlende Zielvereinbarung – was tun?
Fehlt eine Zielvereinbarung, so können Leistungen in Form eines Budgets nicht erbracht und folglich auch die Behörde nicht zur Auszahlung eines Budgetbetrages verpflichtet werden. In dem rechtskräftigen Urteil des Sozialgerichts Aachen vom 19.09.2013 (Az. S 19 SO 76/13) wird hierzu ausgeführt: „Da dies jedoch vor dem Hintergrund des verfassungsrechtlich verbürgten Rechts auf effektiven Rechtsschutz aus Art. 19 Abs. 4 Grundgesetz (GG) nicht dazu führen darf, dass den Betroffenen keinerlei Möglichkeit gegeben ist, den Abschluss einer Zielvereinbarung gerichtlich durchzusetzen, besteht aus Sicht der Kammer lediglich die Möglichkeit, auf Abschluss einer entsprechenden Zielvereinbarung zu klagen." Wie das Gericht in der oben genannten Entscheidung ausführt, handelt es sich dabei um eine Leistungsklage auf Abschluss eines öffentlich-rechtlichen Vertrages.

Fachkräfteklausel – Darf der Träger bestimmte Berufsgruppen festlegen?
Immer wieder wird diskutiert, ob der Träger Anforderungen an die Qualifikation des Leistungserbringers stellen darf. Die Rechtsprechung bestätigt die Verknüpfung von Mindestanforderungen der Leistungserbringer in Hinblick auf die zu erbringenden Leistungen (Urteil des Hessischen Landessozialgerichts vom 22.06.2012 [Az. L 4 SO 121/12 B ER], Urteil des Sozialgerichts Aachen vom 13.12.2013 [S 19 SO 47/12]. So ist es durchaus möglich, den Einkauf von psychosozialer Begleitung durch Sozialpädagogen abhängig zu machen. Gleichermaßen könnte aber die Begleitung zum Schuhekaufen durchaus auch (abhängig von Art und Schwere der Behinderung) durch Laienkräfte ermöglicht werden. In der Zielvereinbarung darf also eine Differenzierung zwischen Fachkräften und Laienkräften vorgenommen werden.

Mit Frau Weiß wurde folgende Zielvereinbarung geschlossen:

Individuelle Förder- und Leistungsziele

Frau Weiß möchte weitere Kompetenzen in der Haushaltsführung erwerben, um auch auf Dauer eigenständig leben zu können. Daher wird sie zusammen mit einer pädagogischen Fachkraft einen Übungsplan entwickeln, um zu lernen, wie sie ihre Waschmaschine richtig bedient und was man alles beim Einkaufen beachten muss.

In einem Jahr wird gemeinsam besprochen, wie weit Frau Weiß gekommen ist.

Frau Weiß möchte außerdem in ihrer Freizeit mehr außerhalb ihrer Wohnung unternehmen, um auch andere Menschen kennenzulernen. Frau Weiß möchte dafür eine Laienhelferin aus ihrer Nachbarschaft suchen.

Nachweis zur Deckung des festgestellten Bedarfs

Mit Frau Weiß wurde vereinbart, dass sie ein Unterkonto für die Budgeteinzahlungen und Budgetausgaben einrichtet und alle sechs Monate Kontoauszüge dieses Budgetkontos vorlegt.

Beim Rehabilitationsträger kann nachgefragt werden, ob die zusätzlichen Kontoführungsgebühren ins Budget einberechnet werden.

Qualitätssicherung

Zwei Drittel der festgelegten Budgetsumme sind für professionelle Leistungen (pädagogische Fachkraft) zu verwenden.

Darüber hinaus wird die Qualität in gemeinsamen Gesprächen zwischen Frau Weiß und dem Träger der Eingliederungshilfe ausgewertet. In diesen Gesprächen wird es darum gehen, ob die Ziele von Frau Weiß tatsächlich erreicht werden können und Frau Weiß mit ihrer Lebenssituation zufrieden ist. Stellt sich bei einem dieser Gespräche heraus, dass Schwierigkeiten auftreten, wird die Budgetgestaltung gemeinsam überprüft (z. B. müssen die Ziele korrigiert werden, reicht das Budget aus?)

Frau Weiß wurde darüber hinaus über mögliche Leistungsanbieter in der Region informiert.

Der Ablauf der Konferenz wurde zudem protokolliert und der Akte von Frau Weiß beigefügt.

Schritt 6: Bescheid

Nach Abschluss der Zielvereinbarung erstellt der Leistungsträger einen Bescheid über

- Budgethöhe und Zeitraum,
- Verweis auf die Zielvereinbarung,
- Rechtsgrundlagen,
- Rechtsbehelfsbelehrung.

4 Die meisten Persönlichen Budgets im Bereich der Eingliederungshilfe werden für ein oder zwei Jahre bewilligt. Gerade zu Beginn eines Budgets kann jedoch auch ein kürzerer Zeitraum durchaus sinnvoll sein. Manche der Budgets werden in Absprache mit dem Budgetnehmer zunächst für die Dauer von drei Monaten vereinbart. Insbesondere bei ungewöhnlichen Budgetverwendungen ist es sinnvoll, die Erfahrungen zeitnah auszutauschen und zu prüfen, inwieweit die mit dem Budget verbundenen Vorstellungen tatsächlich in die Praxis umgesetzt werden konnten.

Grundsätzlich sollten jedoch deutlich längere Bewilligungszeiträume vereinbart werden. Die von vielen Menschen mit Behinderung als großer Vorteil empfundene zeitliche Flexibilität des Budgeteinsatzes kann ihre Wirkung nur bei längeren Zeiträumen entfalten. Längere Bewilligungszeiträume dienen auch der Planungssicherheit des behinderten Menschen. Sie tragen ebenso zu einer Verwaltungsentlastung bei.

Schritt 7: Auswahl und Beauftragung des Leistungserbringers

Die Betreuerin Frau Beyer fordert von verschiedenen Anbietern für Frau Weiß Angebote an.

Gleichzeitig bittet sie um folgende Informationen:

- nachgewiesene fachliche Qualifikation, Referenzen
- Kurzvorstellung des Anbieters (Anzahl der Mitarbeiter, Angebotspalette, Räume)
- Vertretungsmöglichkeiten im Fall von Urlaub oder Krankheit

Schritt 8: Vertrag zwischen Anbieter und Budgetnehmer

Frau Beyer unterzeichnet als gesetzliche Vertreterin den Vertrag mit dem Leistungsanbieter. In diesem Vertrag stehen insbesondere die Förderziele und Leistungen, der Preis, Häufigkeit der Kontakte sowie Angaben zur Vertretung bei Krankheit und Urlaub.

Frau Beyer überwacht auch die monatliche Abbuchung vom eingerichteten Unterkonto.

Schritt 9: Einkauf von Leistungen

Frau Weiß kauft sich Assistenzleistungen ein, um damit ihren Zielen Schritt für Schritt näher zu kommen.

Schritt 10: Qualitätssicherungsgespräch

Bei den Qualitätssicherungsgesprächen werden die bisherigen Erfahrungen des Budgetnehmers besprochen. Es empfehlen sich insbesondere folgende Fragestellungen:

- Wie zufrieden sind Sie mit dem Persönlichen Budget? Haben Sie die Unterstützung erhalten, die Sie brauchen? Welche Vorteile hat das Persönliche Budget für Sie? Welche Nachteile stellen Sie fest?
- Konnten die vereinbarten Ziele erreicht werden? Woran merken Sie dies?

Des Weiteren wird besprochen, ob Frau Weiß nach dem Bewilligungszeitraum weiterhin Hilfe benötigt, ob sie diese weiterhin als Persönliches Budget erhalten möchte oder ob auf Sachleistung umgestellt werden soll. Gegebenenfalls wird der aktuelle Hilfebedarf für die weitere Hilfe erhoben.

Checkliste: Inhalt der Qualitätssicherungsgespräche

- Zufriedenheit des Budgetnehmers/der Budgetnehmerin
- Zielerreichung
- Rückblick
- Weiteres Vorgehen; ggf. Erheben des aktuellen Hilfebedarfs für weitere Hilfen

5.

Fallbeispiele

5

Frau Schneider: Mehr Flexibilität und Entscheidungsfreiheit

Ausgangssituation

Die 35-jährige Frau Schneider ist infolge einer Körperbehinderung auf einen Rollstuhl angewiesen und benötigt umfangreiche Unterstützung in allen Lebensbereichen. Sie wohnt noch bei ihren Eltern. Frau Schneider arbeitet seit vier Jahren im Rahmen eines sozialversicherungspflichtigen Arbeitsverhältnisses in einer Verwaltung und erhält dazu Leistungen zur Arbeitsassistenz vom Integrationsamt. Insgesamt wird sie von fünf Sozialleistungsträgern unterstützt (Pflegekasse, Krankenkasse, Integrationsamt, Bundesagentur für Arbeit, Eingliederungshilfeträger).

Der erste Impuls zur Beantragung eines Persönlichen Budgets ging vom Integrationsamt aus und wurde mit einer „Verwaltungserleichterung“ für das Amt begründet. Die Budgetnehmerin sollte einen Geldbetrag erhalten und direkt mit dem Dienstleister abrechnen.

In einem Beratungsgespräch beim Sozialamt, von dem sie als Träger der Eingliederungshilfe ebenfalls bereits ein Budget mit Leistungen zur sozialen Teilhabe erhielt, entstand schließlich die Idee, beide Leistungen in einem trägerübergreifenden Budget zusammenzufassen. Die Leistungen der Pflegekasse, der Krankenkasse sowie der Bundesagentur für Arbeit werden aber weiterhin als Sachleistungen gezahlt.

Umsetzung durch ein Persönliches Budget

Zu einem trägerübergreifenden Budget wurden die Leistungen des Integrationsamts sowie des Sozialamts als Eingliederungshilfeträger zusammengefasst. Das trägerübergreifende Persönliche Budget beträgt 916 Euro monatlich; ein Betrag von 200 Euro steht für ihre soziale Teilhabe zur Verfügung, 716 Euro für die Arbeitsassistenz.

In der Zielvereinbarung, die der Träger der Eingliederungshilfe als leistender Rehabilitationsträger mit Frau Schneider abschließt, wird auf Nachweise, wie sie das Budget verwendet, verzichtet. Lediglich gegenüber dem Integrationsamt ist regelmäßig durch eine Bestätigung des Arbeitgebers zu belegen, dass sie nach wie vor in gleichem Umfang berufstätig ist.

Frau Schneider wird als Budgetnehmerin von Studenten täglich etwa 6–7 Stunden bei der Arbeit unterstützt. Überstunden während der Arbeit sind im Budget eingeplant und flexibel handhabbar.

Für die Freizeitgestaltung nutzt die Budgetnehmerin ebenfalls die Hilfe von Studenten für etwa 4–5 Stunden in der Woche. Die 200 Euro können aber auch angespart und für längere Tagesausflüge verwendet werden.

Der Budgetbetrag kann selbst eingeteilt und die beiden Teilbudgets können flexibel gehandhabt und ggf. nicht oder zu viel genutzte Stunden angespart oder ausgeglichen werden.

Separate Kostenabrechnungen für die beiden Teilbereiche sind nicht mehr nötig. Ein weiterer Vorteil liegt darin, dass die Assistenten von der Budgetnehmerin selbst ausgesucht werden können.

Erfahrungen der Budgetnehmerin

Frau Schneider ist ausgesprochen zufrieden mit ihrem Budget. Vorteile sieht sie einerseits in der Flexibilität und Entscheidungsfreiheit, die sie nun hat: „Was ich damit mache, das ist mir überlassen. Ich bin jetzt flexibler." Andererseits hat sie nun nur noch eine Behörde als Ansprechpartner und die Nachweisprozedur ist weggefallen.

Auch ihr Leben hat sich zum Positiven verändert: Frau Schneider ist in ihrer Freizeit nun sehr viel aktiver als zuvor; ihren Wunsch, etwas zu unternehmen, stellte sie vor dem Budget oft zurück, da sie ihre Eltern nicht belasten wollte. Diese Scheu ist jetzt weggefallen.

Frau Braun: Ambulante Hilfe nach Auszug in eine eigene Wohnung

Ausgangssituation

Frau Braun zählt zum Personenkreis der Menschen mit seelischer Behinderung. Sie lebte vier Jahre im Wohnheim S. (jetzt als besondere Wohnform bezeichnet). Nachdem es ihr immer besser ging und ihr psychischer Zustand seit Längerem stabil ist, äußerte sie den Wunsch nach einer eigenen Wohnung.

Mit Hilfe der Mitarbeiter der Einrichtung S. fand Frau Braun eine Ein-Zimmer-Wohnung, in die sie eingezogen ist. Zur Finanzierung der Wohnung und ihres Lebensunterhalts beantragte sie Grundsicherungsleistungen, die ihr auch von der Sozialhilfe bewilligt wurden. Frau Braun fühlt sich jedoch ohne personelle Unterstützung bei ihrem neuen eigenständigen Leben überfordert.

Nachdem es Frau Braun nicht leicht fällt, Kontakt zu anderen Menschen aufzubauen, wünscht sie sich, dass sie auch nach ihrem Auszug von Mitarbeitern der Einrichtung S. unterstützt wird. Frau Braun hat diesbezüglich auch bereits beim Leiter der Einrichtung S. nachgefragt und dieser könne sich dies grundsätzlich vorstellen.

Wichtig für Frau Braun ist auch, dass sie weiterhin an der Beschäftigungstherapie der Einrichtung teilnehmen kann.

Sie beantragt Eingliederungshilfe in Form eines Persönlichen Budgets.

Umsetzung durch ein Persönliches Budget

Das Ziel des Persönlichen Budgets ist es, Frau Braun beim selbstständigen Leben in der eigenen Wohnung zu unterstützen. Diese Unterstützung ist insbesondere im Umgang mit Belastungssituationen, der Freizeitgestaltung und zu einem kleinen Teil auch bei der Haushaltsführung erforderlich.

Das Persönliche Budget umfasst eine sozialpädagogische Betreuung mit wöchentlich vier Stunden. Damit Frau Braun an der Beschäftigungstherapie sowie an Freizeitangeboten des Wohnheimes teilnehmen kann, wurden entsprechende Gruppenpauschalen in das Budget eingerechnet.

Frau Braun kauft sich mit ihrem Budget stundenweise Betreuungsleistungen und Gruppenangebote von ihrem früheren Wohnheim ein.

Hinweis

Der Leistungsanbieter hat die Arbeitszeit von teilzeitbeschäftigten Mitarbeitern erhöht, um über zusätzliche zeitliche Kapazitäten für die Budgetleistungen zu verfügen.

Erfahrungen der Budgetnehmerin

Frau Braun berichtet darüber, dass sie jetzt in einer eigenen Wohnung leben kann, aber der Kontakt zur Einrichtung S. weiterhin für sie ganz wichtig ist.

Der tägliche Besuch der Beschäftigungstherapie sei ein wesentlicher Grund dafür, dass sie mit dem Wohnen zu Hause zurechtkomme. Sie wird zur Weihnachtsfeier, zu Ausflügen eingeladen und gehört trotz einer eigenen Wohnung „einfach noch dazu“.

Frau Wanner: Sinn und Halt durch Anschaffung eines Hundes

Ausgangssituation

5

Bei Frau Wanner wurde eine rezidivierende depressive Störung sowie eine Angst- und Panikstörung diagnostiziert. Nach einem Gewalterlebnis vor einigen Jahren haben sich die Beschwerden massiv verstärkt. Ihren Beruf als Sekretärin musste sie aufgeben, da sie nicht mehr in der Lage war, öffentliche Verkehrsmittel zu nutzen, Menschenansammlungen zu ertragen und die Konzentration für ihre berufliche Tätigkeit aufzubringen. Frau Wanner verließ ihre eigene Wohnung nur noch in Begleitung, meistens mit ihrer Schwester. Mit ihrer Unterstützung konnte Frau Wanner ihre Einkäufe erledigen, Arztbesuche wahrnehmen sowie gelegentliche Freizeitaktivitäten durchführen. Die Schwester von Frau Wanner ist vor kurzem tödlich verunglückt. Frau Wanner beantragt nun Hilfen der Eingliederungshilfe, die ihr eigenständiges Leben in einer Wohnung weiter ermöglichen sollen.

Umsetzung durch ein Persönliches Budget

Ziel ist es, Frau Wanner darin zu unterstützen, ihre Wohnung verlassen zu können um sich selbst zu versorgen, Arztbesuche wahrzunehmen sowie ihre Freizeit gestalten zu können. Ziel ist es auch, Frau Wanner Kontakte zu anderen Menschen zu ermöglichen und ihren Tag zu strukturieren. Frau Wanner ist bereit Hilfe anzunehmen.

Im Gespräche während der Konferenz, berichtete Frau Wanner, dass sie in der Vergangenheit einen Hund hatte, der „ihr ein und alles war". Frau Wanner wünscht sich wieder einen Hund an ihrer Seite, denn sie ist überzeugt davon, dass ihr dieser hilft, in die Öffentlichkeit zu gehen bzw. ihr dieser Sicherheitheit gibt, wenn sie Besorgungen zu tätigen hat. Auch erhofft sie sich dadurch Kontakt zu anderen Hundebesitzern, die sie auf den Spaziergängen trifft. Sie hat bereits mit dem örtlichen Tierheim Kontakt aufgenommen und den Hundemischling „Charly" ins Herz geschlossen. Die Anschaffungskosten und die Ernährung des Hundes kann sie selbst finanziell stemmen. Insbesondere die Kosten für die Hundeschule sowie etwaige Tierarztkosten kann Frau Wanner jedoch nicht aufbringen.

Aufgrund der Besonderheit dieses Einzelfalls erscheint das Halten eines Hundes sehr hilfreich, um die Ziele der Eingliederungshilfe von Frau Wanner erreichen zu können. Zudem erhält Frau Wanner noch Betreuungsleistungen durch eine Fachkraft, die sie aktivieren bzw. bei Arztterminen u. Ä. unterstützen soll.

Das Persönliche Budget umfasst:

- 4 Stunden sozialpädagogische Betreuung pro Woche
- 40 Euro Pauschale pro Monat für einen Hund

Erfahrungen der Budgetnehmerin

Beim Qualitätssicherungsgespräch nach sechs Monaten konnte Frau Wanner berichten, dass Charly ihr geholfen habe wieder Sinn und Halt in ihrem Leben zu finden. Durch die Verantwortung für den Hund schaffe sie es, dreimal am Tag die Wohnung zu verlassen um mit ihm Gassi zu gehen; dabei erledigt sie auch gleich notwendige Besorgungen. Positiv vermerkt sie, dass es bei den Spaziergängen immer wieder zu netten Kontakten mit anderen Hundebesitzern kommt. Diese „normalen“ Begegnungen im Alltag tun ihr gut. Mit der sozialpädagogischen Betreung ist sie zufrieden; die vier Stunden in der Woche hält sie für ausreichend, überlegt sogar, ob diese mittelfristig gekürzt werden können.

> ***Hinweis:***
>
> *Keinesfalls soll durch dieses Fallbeispiel der Eindruck erweckt werden, dass alleine durch die Anschaffung eines Hundes sämtliche Auswirkungen einer Depression i. V. m Angst- und Panikstörungen gelöst werden können oder gar eine fachliche Unterstützung bei Menschen mit seelischer Behinderung durch Tiere ersetzt werden kann. Allerdings können in der sozialmedizinischen Praxis positive Auswirkungen von Tieren gerade bei Menschen mit psychiatrischen Krankheitsbildern beobachtet werden.*

6.

Muster/Vorlagen

Muster einer Zielvereinbarung zum Persönlichen Budget

Zwischen ....
als zuständigem Leistungsträger gemäß § 29 Abs. 3 SGB IX

und
Herrn/Frau ....,geb. ....
wohnhaft: ....

wird vereinbart:

1. Geltungsdauer
Die Zielvereinbarung gilt für den Zeitraum vom .... bis zum ....

2. Ziele des Persönlichen Budgets
Übergeordnetes Ziel des Persönlichen Budgets ist es, dem Budgetnehmer in eigener Verantwortung ein möglichst selbstbestimmtes Leben und eine gleichberechtigte Teilhabe am Leben in der Gesellschaft zu ermöglichen.
Der Bedarf an Eingliederungshilfe und die individuellen Förder- und Leistungsziele wurden in der Konferenz am .... formuliert.
Folgende Ziele wurden vereinbart:
....
....

3. Höhe des Budgets
Der Budgetnehmer/Die Budgetnehmerin erhält ein Gesamtbudget in Höhe von ...... Euro als Persönliches Budget. Es kann innerhalb der Geltungsdauer zeitlich flexibel eingesetzt werden.
Das Persönliche Budget wird jeden Monat im Voraus auf das Konto des Budgetnehmers überwiesen. Die zusätzlich entstehenden Kontoführungsgebühren in Höhe von ... Euro werden in das Budget eingerechnet.

4. Pflichten des Budgetnehmers/der Budgetnehmerin

Der Budgetnehmer/Die Budgetnehmerin verpflichtet sich, den Budgetbetrag nur für die Erreichung der oben genannten Ziele zu verwenden. Er/Sie verpflichtet sich, seine/ihre Leistungen bei Fachkräften folgender Professionen ... einzukaufen.

5. Verwendungsnachweise

Der Nachweis der Verwendung wurde wie folgt vereinbart:
Bis zu einem Betrag in Höhe von .... wird auf einen Nachweis verzichtet.
Der darüber hinausgehende Einsatz des Persönlichen Budgets wird durch Vorlage von Kontoauszügen/Dienst- bzw. Arbeitsverträgen/Quittungen nachgewiesen.

6

6. Budgetreste

Ein zum Ende des Bewilligungszeitraumes noch vorhandener Budgetbetrag kann bis zur Höhe von einem Monatsbetrag, ... Euro in den nächsten Bewilligungszeitraum übernommen werden.
Darüber hinausgehende vorhandene Budgetbeträge müssen zurückbezahlt werden oder werden mit einem neuen Budget für den nächsten Bewilligungszeitraum verrechnet.

7. Ruhen der Leistungen

Für Zeiten, in denen der mit dem Persönlichen Budget abgedeckte Bedarf anderweitig sichergestellt wird (z. B. Krankenhausaufenthalt, stationäre Reha- Maßnahme) ruhen die entsprechenden Leistungen des Persönlichen Budgets. Während der ersten 30 Tage wird das Persönliche Budget weiterbezahlt.

8. Qualitätssicherung

Am Ende des Bemessungszeitraumes wird vom Budgetgeber und vom Budgetnehmer in einem Qualitätssicherungsgespräch geklärt, wie zufrieden der Budgetnehmer mit den erhaltenen Leistungen war und in welchem Umfang die vereinbarten Ziele erreicht wurden.

9. Rechtsgrundlage

Bei der Zielvereinbarung handelt es sich um eine Vereinbarung zur Ausführung von Leistungen zur Teilhabe behinderter Menschen im Rahmen des Persönlichen Budgets nach § 57 SGB XII i. V. m. § 29 SGB IX.

10. Kündigung

Aus wichtigem Grund kann der Budgetnehmer/die Budgetnehmerin das Persönliche Budget mit sofortiger Wirkung schriftlich kündigen, wenn die Fortsetzung nicht zumutbar ist.

Auch der Leistungsträger kann das Persönliche Budget aus wichtigem Grund jederzeit mit sofortiger Wirkung kündigen. Ein wichtiger Grund liegt für den Leistungsträger zum Beispiel vor, wenn der Budgetnehmer/die Budgetnehmerin die Zielvereinbarung nicht einhält.

Darüber hinaus wird vereinbart, dass Frau/Herr .... diese Vereinbarung nach Ablauf von sechs Monaten unter Darstellung der Gründe zum Monatsende kündigen kann.

Der Budgetnehmer/die Budgetnehmerin hat nach Beendigung grundsätzlich weiterhin Anspruch auf die Leistungen nach dem Sozialgesetzbuch Zwölftes Buch (SGB XII) in Form der Sachleistung.

... Ort, Datum ...

Unterschrift	*Unterschrift*
Budgetnehmer/in	Budgetgeber

Hinweis: Über die im Muster vereinbarten Regelungstatbestände können noch weitere Aspekte Inhalt einer Zielvereinbarung sein, z. B. sozialversicherungs- und steuerrechtliche Hinweise.

Muster-Bescheid

Bescheid für ein Persönliches Budget für Herrn/Frau

Sehr geehrte ....,
auf Ihren Antrag vom .... zur Gewährung von Teilhabeleistungen in Form eines Persönlichen Budgets ergeht auf Grundlage von § 105 Abs. 4 i. V. m. § 29 Sozialgesetzbuch – Neuntes Buch (SGB IX) über Leistungen der Eingliederungshilfe nachfolgender

Bescheid:

1 Die Stadt .... ist Beteiligter und gem. § 14 SGB IX zugleich zuständiger Leistungsträger für den Erlass dieses Bescheides.

1.1 Es wird hiermit ein Persönliches Budget in Höhe von .... Euro monatlich für die Zeit von .... bis .... bewilligt.

1.2 Die Feststellung der einzelnen leistungsbegründenden Bedarfe erfolgte aufgrund:

- Der Stellungnahme des .... vom .... und
- der Konferenz mit Ihnen und .... am ....

Es setzt sich wie folgt zusammen:
Als Bedarf an Eingliederungshilfe wurden ...... Stunden ...... Sozialpädagogik pro Woche anerkannt.
Die Fachleistungsstunde für einen Sozialpädagogen wird mit ... Euro berechnet.
Es werden zusätzlich ... Euro für Kontoführungsgebühren in den Budgetbetrag eingerechnet.

1.3 Das Persönliche Budget umfasst ....

1.4 Die näheren Einzelheiten zu den Zielen, zur Qualitätssicherung und zur Nachweiserbringung sind der mit Ihnen abgeschlossenen Zielvereinbarung vom .... sowie dem Protokoll der Konferenz vom .... zu entnehmen. Diese Zielvereinbarung mit Anlage 1 ist verbindlicher Bestandteil dieses Bescheides.

2 Das Persönliche Budget wird Herrn/Frau .... jeweils zum Monatsersten in Höhe von .... Euro auf sein/ihr Unterkonto bei der Bank .... (IBAN/BIC ....) ausgezahlt.

3 Dieser Bescheid kann ganz oder teilweise aufgehoben oder widerrufen werden, wenn:
- Sie unrichtige Angaben über wesentliche Tatsachen gemacht haben oder wesentliche Tatsachen verschwiegen haben
- Sie gegen Ihre Mitteilungspflicht nach Ziffer 4 dieses Bescheides verstoßen
- Sie die Förderungsbeträge nicht für die angegebenen Zwecke verwenden

Hinsichtlich einer Kündigung verweisen wir auf Punkt 10 der Zielvereinbarung. Der Leistungsträger hat zudem das Recht, den Bescheid zu widerrufen, wenn Sie die Auflagen der Zielvereinbarung zur zweckentsprechenden Verwendung oder Qualitätssicherung nicht beachten.

4 Gemäß § 60 Sozialgesetzbuch – Erstes Buch (SGB I) sind Änderungen der persönlichen und wirtschaftlichen Verhältnisse – dazu gehören auch gravierende Veränderungen im Hilfebedarf – unverzüglich mitzuteilen und entsprechende Nachweise vorzulegen.

5 Dieser Bescheid ergeht kostenfrei.

Begründung:

Leistungsberechtigte sind im Sinne von § 99 SGB IX i. V. m. § 53 SGB XII i. V. m. § 2 Abs. 1 Satz 1 SGB IX Personen, die durch eine Behinderung wesentlich in ihrer Fähigkeit, an der Gesellschaft teilzuhaben, eingeschränkt oder von einer solchen wesentlichen Behinderung bedroht sind. Herr/Frau .... gehört zum Personenkreis der wesentlich .... behinderten Menschen.

Rechtsgrundlage für die Gewährung von Eingliederungshilfe ist § 102 SGB IX. Die Leistungen werden solange erbracht, soweit nach der Besonderheit des Einzelfalles, insb. nach Art und Schwere der Behinderung, Aussicht besteht, dass die Aufgabe der Eingliederungshilfe erfüllt werden kann.

Die Zuständigkeit ist in § 14 SGB IX geregelt.

Die Kostenfreiheit dieses Bescheides ergibt sich aus § 64 des Zehnten Sozialgesetzbuches (SGB X).

Rechtsbehelfsbelehrung:

Gegen diesen Bescheid kann innerhalb eines Monats nach seiner Bekanntgabe Widerspruch erhoben werden. Der Widerspruch ist schriftlich oder zur Niederschrift bei der Stadt .... einzulegen.

Sollte über den Widerspruch ohne zureichenden Grund in angemessener Frist sachlich nicht entschieden werden, so kann Klage beim Sozialgericht .... schriftlich oder zur Niederschrift des Urkundsbeamten der Geschäftsstelle dieses Gerichts erhoben werden. Die Klage kann nicht vor Ablauf von drei Monaten nach Einlegung des Widerspruchs erhoben werden, außer wenn wegen besonderer Umstände des Falles eine kürzere Frist geboten ist.

Die Klage soll den Kläger, die Beklagte (Stadt ....) und den Gegenstand des Klagebegehrens bezeichnen und einen bestimmten Antrag enthalten sowie von dem Kläger oder einer zu seiner Vertretung befugten Person mit Orts- und Tagesangabe unterzeichnet sein. Die zur Begründung dienenden Tatsachen und Beweismittel sollen angegeben, der angefochtene Bescheid soll in Urschrift oder in Abschrift beigefügt werden. Der Klage und allen Schriftsätzen sollen Abschriften für die übrigen Beteiligten beigefügt werden. Die Einlegung des Widerspruchs als einfache E-Mail genügt nicht der Schriftform.

Mit freundlichen Grüßen

I. A.

Weiterführende Literatur

- Begleitung und Auswertung der Erprobung trägerübergreifender Persönlicher Budgets. Abschlussbericht der wissenschaftlichen Begleitforschung. 2007
- Handreichung zur Implementierung personenzentrierter Hilfen und Persönlicher Budgets in der Suchthilfe. Leitfaden für die Praxis (2006); veröffentlicht vom: Fachverband Drogen und Rauschmittel e. V., Odeonstr. 14, 30159 Hannover
- BMAS-Forschungsbericht 367: Rechtsfragen des Persönlichen Budgets nach § 17 SGB IX, Dr. jur. habil. Felix Welti. 2007 www.felix-welti.de/publikation. Abrufbar auf den Seiten des BMAS
- BMAS-Forschungsbericht 433: Umsetzung und Akzeptanz des Persönlichen Budgets. Endbericht 2012 Prognos AG im Auftrag des Bundesministeriums für Arbeit und Soziales, www.budget.bmas.de
- Handlungsempfehlungen „Trägerübergreifende Aspekte bei der Ausführung von Leistungen durch ein Persönliches Budget", 2009, Bundesarbeitsgemeinschaft für Rehabilitation, www.bar-frankfurt.de
- Orientierungshilfen zum Persönlichen Budget, 2016, Bundesarbeitsgemeinschaft der überörtlichen Sozialhilfeträger (BAGüS), www.bagues.de
- Orientierungshilfe zu den (neuen) Leistungen zur Teilhabe am Arbeitsleben, 2018, Bundesarbeitsgemeinschaft der überörtlichen Sozialhilfeträger (BAGüS), www.bagues.de
- Bundesministerium für Arbeit und Soziales: Informationen zum Persönlichen Budget www.budget.bmas.de
- Bundesministerium für Arbeit und Soziales: Informationen zum Bundesteilhabegesetz www.einfach-teilhaben.de www.gemeinsam-einfach-machen.de

7

- Informationsportal zur ergänzenden unabhängigen Teilhabeberatung
  www.teilhabeberatung.de
- Arbeitsentwurf „Gemeinsame Empfehlungen Reha-Prozess“ (Januar 2018) der Bundesarbeitsgemeinschaft für Rehabilitation, www.bar-frankfurt.de
- Arne von Boetticher, Das neue Teilhaberecht, 2018, Nomos Verlag
- Paritätischer Wohlfahrtsverband Bayern, BTHG-Umsetzung – Eingliederungshilfe im SGB IX, 2019, Walhalla Fachverlag

Fortbildungen und Seminare

Fortbildungen zum Persönlichen Budget:

- Kommunales Bildungswerk e. V.
  Gürtelstraße 29a/30, 10247 Berlin
  Tel. (030) 29 33 50 32
  Fax: (030) 29 33 50 39
  www.kbw.de
- WALHALLA Praxisseminare
  Haus an der Eisernen Brücke, 93042 Regensburg
  Tel.: (0941) 56 84-120
  Fax: (0941) 56 84-111
  www.walhalla.de/Seminare

Stichwortverzeichnis

8